10代の心理をサポートする
ワークブック④

インスタントヘルプ!!

10代のための

レジリ

The Resilience Workbook for Teens

エンス

トレーニング

つらい状況に立ち向かえるしなやかな心を育てるワーク

夢　恐怖

進め!!

自分の
前向きな
ところリスト

GOAL

シェリル・ブラッドシャー 著　西 大輔 監修　上田勢子 訳

合同出版

私のすべての生徒たち、カウンセリングの患者さんにこの本を捧げます。
一緒にトレーニングをしたり、
人生でもっともつらいことを話してくれたことで、
あなた方一人ひとりから、
強さとレジリエンスについて多くのことを学びました。
トレーニングをシェアできたみなさんに感謝しています。

THE RESILIENCE WORKBOOK FOR TEENS
by Cheryl M. Bradshaw
Copyright©2019 by Cheryl M. Bradshaw
Japanese translation rights arranged with NEW HARBINGER PUBLICATIONS INC.
through Japan UNI Agency, Inc., Tokyo.

10代のみなさんへ

　こんにちは！　心理セラピストのシェリル・ブラッドシャーです。このワークブックをあなたと共有できてとてもうれしく思います！　トレーニングをはじめる前に、私のことをお話ししましょう。

　私は7年前から大学のカウンセラーとして働いています。カナダ・オンタリオ州のウォーターダウンという町で診療所を開き、10代の人たちやその親御さんたちのカウンセリングもおこなっています。でも、以前からカウンセリングの仕事をしていたわけではありません。なぜ、カウンセラーの仕事についたのか、少しお話ししましょう。

　私の最初の仕事は、教師でした。子どもと毎日接することができる教師は、若い人たちの人生によい変化を起こせるかもしれない最適な仕事だと考えました。私は、いじめの問題やメディアとの付き合い方、ボディイメージ、メンタルケアなど、生徒たちに興味をもってもらえるような魅力的な授業や実験を実施する努力をしてきました。

　ある日、高校1年生の授業でカエルの解剖をしているとき、1人の女子生徒が突然倒れました。彼女はひきつけを起こし、白目をむいて口から泡を吹いています。すぐにほかの生徒たちを教室から出して、医師と救急車を呼びました。

　私は、救急車が来るまで女子生徒のそばにいました。救急隊員が到着すると、彼女は少しずつ意識を取り戻し始めました。救急隊員は、女子生徒を落ち着かせてからなにが起きたのか尋ねると、女子生徒は、その日学校の女子トイレで自殺しようとしたと告白しました。そのことが授業中に彼女の体に影響を及ぼしたのです。

　女子生徒は病院に移されて、無事に回復しました。翌日、私と同僚の教師は、女子生徒の「もうだいじょうぶです。この経験でわかったことは、自殺が答えではないということ。死にたいという気持ちになった人は、今すぐに助けを求めてほしいと思っています」という言葉をクラスのみんなに伝えました。

　彼女のメッセージを読み上げているとき、何人かの生徒が肩を落としていて、強い衝撃を受けていることがわかりました。彼らもこれまでに、すごく落ち込んだ経験があって、自殺を考えたのだろうということが伝わってきました。「もう生きていたくない」と思いつめている生徒にカエルの循環器について教えることは、どんな意味があるのか？　私は、若い人たちの人生に影響を与えられるベストな方法はなんなのかを考え始めました。「助けたい」「人生で起きる深刻な問題について話したい」。そのためには、教師でいることがベストだとは思えなくなりました。

　その後、カウンセリングという仕事につきました。若い人たちだけに限らず、たくさんの人たちに手を差し伸べることが目標になりました。

　注意深くみると、人間のすべての行動の基礎となっているのは、メンタル面の健康状

態、自分の感情への気づき、感情をコントロールするスキル、そして感情知性（自分や他者の感情を正しく認識して対応する能力）だということがわかってきました。学ぶことも対人関係を築くことも（それを実行することさえも含む）は、メンタルの健全さ、そして、この本で紹介する「レジリエンス」にかかわっているのです。

　私が 2016 年に出版した『How to Like Yourself（自分を好きになる方法）』（未邦訳）では、自尊心や感情、気分のことで苦しんでいる多くの若者へのカウンセリングの観点から書きました。今回書いたこのワークブックは、レジリエンスを高める方法や概念を学んだり、練習するためのものです。私は楽しみながらこのワークブックを書きました。みなさんにも、楽しみながらトレーニングをしてほしいと願っています。

レジリエンスってなんだろう？

　レジリエンスという言葉は、いろいろな意味で使われています。以前は、「レジリエンスは生まれつきのもので、変えることができない」という人もいました。でも最近の研究では、レジリエンスは学ぶことができる重要なスキルだということがわかっています。

　レジリエンスは、人生のつらいことから**「立ち直り、苦難に耐え、回復する能力」**だと定義されています（Wolin & Wolin, 1993）。

　幸せそうな人生を送っている人にも、必ずつらいできごとはあります。友だちが引っ越してしまったり、恋人と別れたり、好きな人に好きになってもらえなかったり、病気になったり、がっかりすることは人生にはつきものです。

　「まちがったことはしていないのに……」という体験は、だれにでも起こります。そして、それはだれにとってもつらいものです。親や教師であっても同じで、年齢に関係ありません。

　でも、だいじょうぶ。**人生でもっともつらいことからも立ち直れる方法**を覚えることができます。役立つスキル、マインドセット、自分との関係について学ぶことができるのです。

　あなたには今つらいこと——転校、引っ越し、親の離婚、友だちとのトラブル、恋愛の問題、そのほかのつらいこと——が起きているので、この本を手に取っているのかもしれません。もしそうでなくても、あなたが私と一緒に、新しい方法を学んだり試したりしてくれることをうれしく思います。

　この本で紹介するトレーニングは、実際に 12 〜 70 歳までの人たちとおこなってきたものです。いくつになっても、レジリエンスは学べます！　まだ若いあなたなら、新しいスキルやアイデア、トレーニングを学んで、これからの人生のステップで使い続けていくことができるでしょう。楽しみながら学べることを願っています。

　このワークブックで紹介するトレーニングは 20 あります。それぞれ「さあ、はじめ

よう！」「やってみよう！」「もっとやってみよう！」の**3つのセクション**にわかれていま
す（くわしくは下記）。順番に読み進めて、スキルを理解しながら深めましょう。

トレーニングの3つのセクション

さあ、はじめよう！

　トレーニングの考え方や概念がまとめられています。なぜそれが大切なのか、どのように考えて、練習していけばよいかがわかります。

やってみよう！

　ペンや鉛筆をもって、メモを取ったり、質問に答えたり、絵を描いたり（じょうずな絵でなくてもだいじょうぶ！）します。

もっと やってみよう！

　もう少し深い考え方が紹介されたり、質問やトレーニングがたくさん出てきます。ページの余白に自分の考えを書いたり、追加の質問に答えを書いたり、よいと思ったことをなんでも書いてみましょう。気持ちを発散したり対処したり、リストや絵を描いたり……なんでもいいのです！　完ぺきでなくていいのです。成績がつくわけではありませんから、まちがえたり、ぐちゃぐちゃに書いたり、自由にいいと思うことならなんでもいいのです。そして、もし行き詰まったら、両親や先生やカウンセラーやセラピスト（もしあなたがセラピーを受けているなら）に助けてもらいましょう。

はじめる前に

　レジリエンスの大きな世界に踏み込む前に、あなたの出発点をチェックしましょう。そして、このワークブックをやり終えたときに、どれだけ変わったかを振り返ってみます。だれにも批判されることはありません！　簡単な質問に答えて、あとで成果をみましょう。

　これはグレン・R・スキラルディの質問リスト（2017年）を簡略化したものです。レジリエンスを測るために重要なことがらです。あなたがどう感じるかを0〜4の5段階から選んで〇をつけてください。まったく当てはまらないと思ったら0、とても当てはまると思ったら4を選びましょう。

質　問	感じ方				
試練を乗り越える力強さと能力がある	0	1	2	3	4
ストレスを感じても、早く立ち直れる	0	1	2	3	4
つらい局面になっても、冷静でいられる	0	1	2	3	4
いつもの方法がうまくいかなくても、別の方法を試そうと思う融通性がある	0	1	2	3	4
困難な状況を、いつかは去るものだとユーモアと楽観的な見方で人生の「大きな絵」を見ることができる	0	1	2	3	4
自分の内面が好きで、自分のことをよく思える	0	1	2	3	4
困難なときでも自分を悪く思うことはない	0	1	2	3	4
いつどこで助けや支援を求めたらいいかわかっている	0	1	2	3	4

答えが全部4でも0でもその中間でも、だいじょうぶ！ トレーニングの出発点はどこでもいいのです。すべてのワークを終えたとき、自分について、人生のつらいときを乗り越える力について、どう思えるようになるかがこの本の目的です。トレーニングをやり終えたら、最後にまたこの質問をチェックしてください。さあ、はじめましょう！

支えが必要なときは、人に働きかけたり人とつながることができる	0	1	2	3	4
自分の問題は自分で解決しようとするが、自分にコントロールできないことは、それを受け入れて対処することができる	0	1	2	3	4
困難な状況を予測して計画を立て、ストレスのあるときでも集中して計画を実行できる	0	1	2	3	4
ネガティブな強い感情に対処するのがうまい	0	1	2	3	4
行き詰まっても目標を持ち続け、楽観的な見方ができる	0	1	2	3	4
これまでの経験によって、自分は強くなったと思うし、ストレスは自分をより強靭にしてくれると思う	0	1	2	3	4
最大の努力が報われなくても、自分を責めることはしない	0	1	2	3	4
プレッシャーのあるときでも、集中して考えることができる。忍耐強く、意志が強く、決意がかたい	0	1	2	3	4
合計点（右の欄の点数を足しましょう）					点

大人のみなさまへ

　この本を手に取ってくださってありがとうございます。レジリエンス構築に役立つ個人のさまざまな感情面や心理面の特性を育てることが、この本の目的であり、トレーニングの目標です。

　「レジリエンス」とは、困難なときや、試練、逆境に耐える力を意味します。それはどう測定すればよいのでしょうか？　ペレス、モレイラ＝アルメイダ、ナセロ、コニグなどによる記述（2007年）が、その定義を的確に絞り込むためのよい出発点となります。彼らはレジリエンスを、"試練や困難を乗り越えて、満足な人生を取り戻せる能力"だと定義しています。できごとのネガティブな面に執着し続けずに、試練を耐え抜き、人生の新しい意味と目標をつくり出すことが、レジリエンスの概念であると述べています。

　書籍の中でよく取り上げられるのは、自己有用感（Margolis & McCabe, 2006）、高い自尊感情、統制の所在を自己に求めること、非難の外的帰属、楽観視、障害物についての決断、認識の融通性と再評価する能力、社会的な適性、こわいものに立ち向かう能力、といった資質です（Cicchetti & Rogosch, 2009）。

　こうした、さまざまな効果や要素を備えたレジリエンスを構築しようとするときに重要なことは、目標達成のために正しい方法を使っているかどうかを知ることです。そこで注目するのは、研究者がレジリエンスのレベルを測るのに使用するスケールです。若者と成人のレジリエンスの特性を定量的に観察したり計測したりする心理測定法的な方法は、19以上あります。ウィンドル、ベネット、ノイスら（2011年）がそのうちの15の方法について研究したところ、もっともよいチョイスがコナー＝デビッドソンによるレジリエンス・スケールでした（Connor&Davidson, 2003）。

　このスケール（CD-RISC）は25項目からなり、「逆境の中で成長する」能力を測るものです。しかし、正確さ、確実性、有効性に従って簡略化した10の項目が、現在まででもっとも正確なレジリエンスの測定法だと考えられています（Aloba, Olabisi, & Aloba, 2016：Campbell-Sills & Stein, 2007）。

　このスケールの10項目は、①自己有用感、②ユーモアのセンス、③他者との安全な繋がり、④変化に順応する能力、⑤コミットメント（責任がともなう約束）、⑥コントロール、⑦変化を挑戦と受け止めること、⑧忍耐力、⑨ストレスと苦痛に耐える能力、⑩楽観主義と信念、という一般的なテーマについて考察するものです（Connor&Davidson, 2003）。このワークブックのトレーニングは、研究によってレジリエンスをもっとも高めることがわかっているテーマに焦点を当てています。

　レジリエンスの理論家によれば、こうしたスキルの多くは、認知行動療法（CBT）、

アクセプタンス＆コミットメント・セラピー（ACT）、弁証法的行動療法（DBT）など
のセラピーアプローチによってある程度のレベルにまで神経学的な修正が可能だといわ
れています（Kalisch, Müller, & Tüscher, 2015）。

　また最近の研究によれば、問題について別の考え方やスキルを教えること──当初の
反応がネガティブな場合はポジティブな考え方に、当初の反応が非常に感情的な場合は
それほど感情的でないように見直すこと──で、同じ問題への体験や反応が神経学的に
変えられることがわかりました。このことから、セラピーには効果があることがわかり
ます。自分の感情をうまくコントロールすることができ、さらに、身につけたスキルは
長い間効果をもち続けます（Doré, Weber, & Ochsner, 2017）。

　実際に、CBT、ACT、DBT、EMDR、ナラティブセラピー、実存療法（Existential
therapy）、ロゴセラピー、マインドフルネスに基づいたセラピーなどのセラピーアプ
ローチは、すべて精密な研究ならびに、こうした種類のスキルや特性を構築するのに役
立つというエビデンスに基づいて開発されたものばかりです。こうしたアプローチに基
づいたエクササイズや哲学が本書のトレーニングに使われていて、読者が人生で遭遇す
るどんな問題にも立ち向かえる基礎となり、さまざまなレジリエンスの分野で役立ちま
す（Cicchetti & Rogosch, 2009：Peres, Moreira-Almeida, Nasello, & Koenig,
2007：Margolis & McCabe, 2006）。

　このワークブックは内面的なスキルに焦点を当てていますが、それ以外にも広範囲
の外的な分野ももちろん存在しています。たとえば、個人のレジリエンスについて大
きな役割を担うことがわかっている広い意味でのコミュニティの要素には、理解ある専
門家の支援が受けられること、家族や友人が話を聞いてくれて自己有用感を育てスト
レスを軽減する助けとなってくれることなどがあります（Traub & Boynton-Jarrett,
2017：Siqueira & Diaz, 2004）。

　保護者や教師、指導者が腕をふるえるのは、まさにこの部分です！　このワークブッ
クのトレーニングを試みる10代を助けるだけでなく、10代との関係を通じて支えるこ
とができるのです。10代の人生にとって、思いやりがあり、批判的にならず、共感をもっ
て支えてくれる理解者は、スキルを身につける上で大きな助けとなります。さあ、よい
理解者になりましょう！　あなたの横にいる10代が前向きに人生を歩んでいくために、
手を差し伸べようではありませんか！

シェリル・ブラッドシャー

もくじ

ゴール 1

変化に適応する

脳を書き換えよう

さあ、はじめよう！

　まず知ってほしいことは、あなたの脳は素晴らしいということです！　本当ですよ。脳は最高傑作なのです。ときどき脳が素晴らしいと思えなかったとしても、**脳にできることやその理由を知れば、イラッとする脳の働きですら素晴らしいことに気づくはずです。**

　まず脳は、私たちの言動が効果的におこなわれるようにします。コンピュータのように、脳はプログラムを「ダウンロード」して「保存」します。そのとき、あるプログラムは「バックグラウンド」に、より重要なプログラムはすぐに起動できるところに保存してくれます。目の前にやるべきことがあるときや新しく学んでいるときなど、試練に集中するときは保留にしなければならないプログラムを脳がわけているのです。

　脳は成長とともに、効果的に同時にたくさんのことができるように、身につけた行動や習慣、考えをバックグラウンドへ押しやります。たとえば、赤ちゃんは転ばないで歩くことにすべての集中力を費やさなければなりません。でも、あなたは歩いたり話したり、ガムを噛んだり、学校のことを考えたり、友だちにメールしたり、といったことを同時におこなえますよね？歩くことやガムを噛むことがバックグラウンドに押しやられるので、活発な脳の意識が複雑な行動に向けられるのです。

　同時に、古いプログラムを思い出す方法も知らなくてはなりません。そして、必要なら修正もします。コンピュータで考えてみましょう。もしコンピュータがとても遅くなって、「Ctrl-Alt-Delete」でタスクマネージャーを呼び出してみたら、たくさんのプログラムがバックグラウンドで動いているかもしれません。こういう場合は、プログラムを修正したり、必要なければ閉じたりします。同じように、脳が奥にしまい込んでいる古いプログラムがあれば、必要に応じて、ゆっくり落ち着いて引き出したり、時間をかけて修正するようにしましょう。

やってみよう！

ステップ1 腕を組んでみてください。あまり考えずに、寒いときやだれかとリラックスして話しているときのように、腕を胸の上で交差させましょう。

ステップ2 どちらの腕が上になっていますか？　腕組みをほどいて、どちらが上だったかを書きましょう。

☐ **左腕**　　　　☐ **右腕**

ステップ3 さあ、今度は両腕をふってから、また腕組みをしましょう。でもさっきと逆の腕が上になるように組みます。1回目のときと反対の腕を上にします。そして、数分間そのままでいましょう。

● 1回目と2回目では、どちらがむずかしかったですか？

☐ **1回目**　　　　☐ **2回目**

● 2回目に逆にしようとしたとき、どんなようすでしたか？

....

....

●反対の腕を上にして腕組みをすると、どんな気持ちになりましたか？

....

....

脳は変化に抵抗する

　このチェックであなたは、"脳が変化に抵抗している"ことに気づいたと思います。腕組みのような単純なことでも、脳は「いつもの方法がよい、別の方法を学ぶ必要はない」と考えているのです。脳はあなたを効果的（効率的）に動かしたいので、よほどの理由がない限りやり方を変えようとはしません。

　あなたがくり返ししてきたこと（特定の考え方など）を変えようとすると、「変えるのはよくない」と脳があなたに伝えます。「そんなのはうそだ」「インチキだ」「変だ」と言うのです。脳にそんなことを言われると、あなたは気分が悪いかもしれません。でも、これは脳が正しく機能しているということ、ノーマルなことなのです！

　それでも変えようと練習し続けながら、居心地の悪さを受け入れられるようになれば、新しい習慣や方法、スキルが脳につくられていきます。あなたには、自分の物語を変えて新しいことに順応する力があるのです。

　はじめは脳に抵抗されても（心地よくないと感じても）、脳がとても重要な変化だと信じられるように手助けをし、やり続ければよいのです。

　これから1、2週間、腕をこれまでと逆に組んでみて、慣れてくるか試してみましょう。きっと慣れますよ！　やればやるほど、脳はしなやかになるでしょう。

　腕を逆に組むことが簡単にできる人もいるかもしれません。簡単にできたら、もっとむずかしいことにチャレンジしてみましょう。たとえば、利き手でない方の手で名前を書いてみましょう！

もっと
やってみよう！

　腕組みをしたり、名前を書いたり、歩いたり、話したりといった動作を覚える過程には、脳がかかわっています。そして、脳は私たちの考える作業にも影響を及ぼします。脳は情報を取り込んで保存し、次のことへと移っていきます。ただし、脳は以前に学んだことをシステムから取り出して、その内容を書き換えようとするといやがります。もし、脳からどんな情報でも簡単に取り出したり、取り消すことができれば、不確かで不安定なシステムになってしまいます。**だから、脳が変化に抵抗するのは、本当に修正が必要かどうかをしっかり見極めようとするためなのです。**

　たとえばトランプのカードでタワーをつくるとき、カードを積み上げるたびに大きな集中力と努力が必要になります。カードを安定させるには、ほかのカードに頼らなければなりません。カードがうまく立てば、安定してその上に新しいカードを立てられます。でも、カードを1枚抜き取ろうとすると、すべてのカードが崩れてしまいます。

　タワーの一部を変えるには、とても多くのエネルギーが必要で、まずは"本当に変更したいのか"をしっかり見極めないといけません。タワーから1枚のカードを抜き取るにはたくさんの障害があるのです。

　考え方を変えることもこれと同じで、1つの考えを変えるのに脳は大きなエネルギーを必要とします。

　では、次のワークを試してみましょう。脳と、脳がつくろうとしているタワーになにが起こるかを見てみましょう。

　少しおかしな質問だと思うかもしれませんが、あまり深く考えないで、頭に浮かんだ答えを書いてください。準備はできましたか？

2つのものを思い浮かべてください。部屋の中にあるもの、たとえば「時計」と「ティッシュの箱」でもいいですよ。

● 2つ（たとえば「時計」と「ティッシュの箱」）のうち、どちらがよいものですか？

....

● なぜよいものなのか、その理由をいくつか書きましょう。

....

....

....

....

● 今度は、もう一方のものの方がよいといえる理由を考えて書いてみましょう。

....

....

....

....

　　どちらの質問が答えやすかったですか？

1．はじめに選んだものの方が「よい」という理由を書くこと 　2．もう一方のものの方が「よい」という理由を書くこと

自分の「世界観」に"もう1枚のカード"を加えてみる

　ここで提案したいのは、「なぜ、自分の人生はこうなのか」と考えたり、人生の決断をしたりする自分の「世界観」（自分を取り巻く世界をどう見たり解釈したりしているか）にもう1枚別のカードを加える、ということです。ほとんどの人がだいたいのことについては同じ考えをもっているので、別のカードを脳に加えることができます。たとえば、「電子レンジより鉛筆の方が大きい」という人はいないでしょう。物質的なものについては、だいたいみんな同意見なのです。

　しかし、「価値観」「解釈のしかた」「アイデンティティ」「人生の目的」になると、人によって書く脚本がちがってきます。自分の人生の脚本を自分で書けることは、よいことです。そのためには、人生の脚本は自分で書けると知ることが第一歩です。たとえ「何年も前から岩に刻み込まれてきた物語だから、変えられっこない」と思っても、書き換えることができるのです。脳の中の物語を取り消して、新しく書き直せるのです。あるいは、新しい章をつけ足すことも可能です。次のトレーニング2で、試してみましょう。

　こうしたトレーニングによって、脳のタワーが崩れてしまうと思うかもしれません。でも、脳の中の役に立たない考えが崩れていくのはよいことで、崩れたカードを変えて、脳を書き換えることができます。

立ち止まって考えてみよう

　「絶対に正しい答え」があると思いますか？　よく考えれば、そのようなものはないことに気づきます。見方や比較によって、どちらも「よい」ものかもしれません。ここで注目したいのは、いったん脳が決定してしまうと、それを変えたがらないということです。

　論理的に「正しい」答えがないとわかっていても、脳はあなたに向かって「そうかもしれないけど、私の答えがいいに決まってるよ」と告げます。そのことに気づく必要があります。**脳は、はじめの決定を守り続けます。**そして、脳のタワーにつっかえ棒を立てたり、障害物をたくさん置いたりして、あなたが思いついた考えをなかなか許してくれません。

自分の物語と視点に注目する

さあ、はじめよう！

　困難を乗り越えようとするとき、考え方1つで大きなちがいがうまれます。**人生で覚えておきたい大切なことの1つは、"現実も真実も1つではない"ということです。**

　どんな人生でも、できごとをどう受け止めたり、どう考えたりするかは、私たち次第なのです。私たちは"自分の物語の書き手"なのです。自分の身に起こったできごとをどう解釈するかによって、物語の展開がちがってくるのです。

　私たちは、あるできごとが起きるとすぐに脚本を書いてしまいがちです。起きたできごとと、それがどう展開していくのか、自分の人生の物語を頭の中で書き始めます。まるで頭の中に短編映画が映し出されるように、過去へとスクロールするプレイバックボタンがあったり、背景から予告のような声が聞こえてきます。この声が、これからの物語に大きな影響を与えることがあります。

　ここで問題なのは、映画評論家のような声（男性の声かもしれないし、女性の声かもしれません）がずっと聞こえているのに、それに注意を向けていないことです。さらに、その声が自分の内側から出ているもので、それをコントロールできるのは自分だということも考えたことがないでしょう。その声をオートプレイ（自動再生）にしていてはいけないのです。

**　この内側からの声も、ものごとの見方も、あなたがコントロールできるものです！**
**　どんな脚本を書くかは、あなたが選ぶことができます。**

やってみよう！

● 『シンデレラ』のお話は、知っていますよね。この物語を「史上最高のラブストーリーだ」と絶賛している人の視点で、ここに書いてみましょう。

....

....

....

....

● さあ、次に『シンデレラ』も「子どもじみていて、救いようがないほど未熟な物語だ」と考える人の視点で書いてみましょう。

....

....

....

....

物語を変える力

物語は変わりませんが、書き手がどう感じるかによって、物語の伝え方がちがうことに気づきましたか？ちがう書き方ができたように、あなたには自分の人生の物語を変える力があるのです。

同じように、『白雪姫』『三匹の子ブタ』で試してみましょう。

　さて、もっと大きな問題について考えていきましょう。前のページにあなたが書いた２つの視点による物語のうち、正しいのはどちらでしょう？

　脳は、あいまいさをきらいます。あいまいなところに留まり続けるには多くのエネルギーを必要とするので、脳は決定したいのです。私たちの体は、エネルギーをできるだけ節約しようとします。脳は情報を物語にして、脳の後ろへ保存してしまいます。

　私たちが物語を書き急いだり、再考や疑いを持ったりせずにあることを決断してしまうと、それ以降、変化は必要がないという考えに陥ってしまうことがあります。それは脳の設計上の弱点なのかもしれません。

　物語のネガティブな点に気づいたり、疑問を持ってそれを改善するための簡単な４つのステップがあります。これは、認知行動療法（CBT）に基づいたものです（Greenberger & Padesky, 2015 からヒントを得た方法）。

　ここでは、行き詰まった子どもの話を紹介しましょう。この子はどのようにして「行き詰まった物語」を考え直したのでしょうか？

ステップ1　**行き詰まった考えに気づく**

> 人前で話すのは苦手だ

ステップ2　**行き詰まった考えの証拠を認識する**

> 人前で話すとき、体がブルブル震えるし、
> 口の中がカラカラになる。
> 一言一句を紙に書いておかないとまちがえてしまう

ステップ3　**行き詰まった考えを否定する証拠をみつける**

> クラスの前で発表するときは、だいたいいい成績なんだ。「もっと自分を信じなさい」って先生が言うけど、いい方法かもしれない。そういえば最近、話す内容がちゃんとわかっていれば、メモをあまり見ないで話せるようになったよ。とてもいい経験だったな

ステップ4 「行き詰まった考え」を「バランスの取れた考え」に置き換える

> 自分を信じられなかったり、メモをたくさんつくりすぎると、神経質になってうまく話せなくなる。自分を信じて心から話せば、ドキドキしてもうまく話せるだろう

さあ、あなたならどうしますか？　自分自身について思い返してみましょう。

ステップ1 行き詰まった考えに気づく

あなたが苦しんでいることや、"こうでなければいいのに" と思っていることを書いてみましょう。「絵がへただ」「頭がよくない」「カッコわるい」「魅力がない」と、脳に言われていませんか？

....

ステップ2 行き詰まった考えの証拠を認識する

なぜ、そう思うのでしょうか？　それが本当だという証拠はなんですか？　どんなことが起きたせいで、脳はあなたにそんな「行き詰まった物語」を書かせるようになったのでしょうか？

....

....

ステップ3 行き詰まった考えを否定する証拠をみつける

その「行き詰まった物語」が、本当ではなかったときのことを思い出してください（たとえば、世界一とはいえないけどうまく絵が描けたとき、むずかしいテストで正解したとき、キャンプやイベントで新しい友だちができたとき、男の子か女の子が自分に興味を示してくれたり、褒めてくれたりしたときのこと）。これは、脳が居心地のいい物語の中にいたがるのを、外へ出るよう頼む作業です。いつものように、脳は抵抗するでしょうね。でも、だいじょうぶです。その抵抗感は、私たちが気づこうとしている証しなのですから！

....

....

....

....

古い物語が正しいという証拠も、それが本当とはいえないという証拠もそろったところで、よりバランスの取れた物語を書いてみましょう。「ときどき」「しょっちゅう」「たまには」「○○かもしれない」という言葉を使ったり、変化や成長など伸びしろを与える書き方をしましょう。「最悪」「いつだって」「決して」という否定的な言葉を使わないこと、「悪い」「ひどい」「負け犬」といったネガティブなレッテルをつけるのも避けましょう。

....

....

....

....

....

4つのステップを使おう

あなたの人生を後退させたり、自信を失わせたり、変化や成長するのを制限するような物語のせいで行き詰まったとき、いつでもここで紹介した4つのステップを使って物語を見直してみてください。

過去の物語から
あなたを解き放とう

さあ、はじめよう！

　物語を書き換えるときには、落とし穴があります。

　たとえば、"不愉快な関係に終止符を打ちたい"としましょう。相手との物語が変わり、あなたの人生も変わります。たとえば、不安をコントロールすることを学んで、不安が日常生活に影を落とさないようになったとします。すると、あなたはどんな人になるでしょうか？　自分をどのように認識すればいいでしょうか？

　大きな変化は前向きな変化であっても、今までとちがう「別の人生」になるかもしれません。それがどんなものかと考えると、あなたはこわくなるかもしれません。底が見えないプールに、または高いダイビングボードから飛び込むような感じかもしれません。身を任せてただ飛び込んで、なにかが受け止めてくれるのを願うだけです。

　この恐れが、変えたいと思っても過去の物語から抜け出せない人の多い理由の1つです。少なくとも過去の物語は、予想がつき見慣れています。どんな苦しみがあるかもあらかじめわかっています。

　過去の自分にほこるものがあった場合、古い物語に別れを告げるのがむずかしくなります。自分の一部分と別れて新しい変化を受け入れると、喪失感に襲われることもあります。**完ぺきではないけれど、慣れ親しんだ物語も自分自身の物語です。**

　でも今の自分を変えることは、あなたが「あなた自身ではなくなる」ということでしょうか？物語の一部を手放したら、ぽっかりと穴が開くのでしょうか？

　物語を書き換えるときには、古い物語に別れを告げること、そしてどんな新しい人生になるかも考えなくてはなりません。新しいことに移行するときには、失ったなにかの悲しみがともなうものです。それに気づくことが、変化に順応するためにはとても大切なことです。

　人生でなにかが変わるとき、それがどんな変化であっても悲しみはともなうものです。たとえば、あなたの気持ちは「学校でクラブに入ろう」「だれかとデートしよう」「きょうだいや友だちとこんな関係を築こう」と決まっていたかもしれません。でもそれが変わったとき、失ったことを嘆くのは、"大切な人やペットが死んでお別れを言わなくてはならないときの喪失感"にとても似ています。

　自分がなにを嘆いているのかを言葉にして、喪失感に対処しなくてはなりません。大切な人が亡くなったとき、その人があなたに与えた意味を称えるために、お葬式でその死を悼（いた）むのと同じことです。

　望んだとおりにならなくて腹が立ったことを紙に書きましょう。形のあるものかもしれないし、考え方や希望、かなわなかった夢のことかもしれません。次の質問に答えながら書いてみましょう。

●あなたが嘆いていることはなんですか？

....

●そのことを考えると、どんな気持ちになりますか？

....

●その気持ちは、体のどこに表れていると感じますか？（のどが詰まる、胸が重苦しい、背中が張るなど）

....

ゆっくり時間をかけて、自分を解き放とう

　立ち止まって、目を閉じて、深呼吸をしながら、ゆっくり時間をかけて、考えや感情や体の感じに気づきましょう。なにかが起きるまでそのままにしておきましょう。床の上や靴の中で足の指を動かせば、気持ちが安定して考えがうまくまとまるかもしれません。

■書いた紙とお別れする

　さっき書いた紙を取り出して、気持ちを解き放つために役立つ儀式がないか考えてみましょう。安全な場所で「さようなら」といいながら、その紙をゆっくり破るのもいいかもしれません。たたんで安全なところにしまったり、本に挟んだりするのも意味があるかもしれません。水辺や家から遠く離れた公園のごみ箱にこなごなにして捨てるのもいいかもしれません。

■思い出としてとっておく

　紙に書いた文字に絵を描いたり、言葉から連想する絵で覆ってもいいでしょう。折り紙にして棚に飾ったり、「思い出ボトル」に入れてしまってもいいでしょう。

■物語に新しいスペースをつくる

　自分にとって意味のあるやり方を選んで、そのことやアイデア、考えが消えていくのをおしみつつ、自分を解き放ちます。深呼吸しながらおこないましょう。

　つらい感情を受け入れ、気持ちを感じ、"思ったとおりにいかなかったことを嘆いてもいいんだ、ふつうのことなんだ"と、認めてあげましょう。なくしたものを嘆くことで、物語に新しいスペースをつくり出すことができます。

もっと やってみよう！

　次のステージに進むためには別れを告げなくてはならないものがある場合、同時に内面にも変えなければならないことがあるかもしれません。こういった変化が必要なときにも、同じような別れのプロセスを取りましょう（Schwartz, 1997）。

● あなたの内面で、"つらい"と思う部分はどこですか？　たとえば「自尊感情の低さ」「不安」「怒りっぽさ」「ゴシップ好きな一面」「傷つきやすさ」「自分自身に対する見方」など、書き出してみましょう。

....

....

....

● その"つらい部分"は、あなたの役に立ってきましたか？　（たとえば「怒りっぽいところが、人から傷つけられるのを守ってくれた」「ゴシップ好きだから友だちができたり、人におもしろいと思ってもらったり、好きになってもらったりした」など）

....

....

....

● "つらい部分"を引っ込めたり、変わったりすることをあなたは恐れていると思いますか？（たとえば「自分は傷つきやすくなる」「もう人に好かれなくなる」など）

....

....

● もし恐れているならば、「ちゃんと対処できるからだいじょうぶ」と思えるには、どうすればよいでしょう？ （たとえば、怒りっぽい自分に対して「あまり怒らなくなると人に傷つけられるかもしれないけど、ほかの部分がその傷をいやしてくれるし、だれかに相談して乗り越えることもできるだろう」など）

....

....

● そのことをあなたはすんなり受け入れられると思いますか？

□ はい	□ いいえ

● もし受け入れられないなら、"つらい部分"はあなたにどんなことを言いたいのだと思いますか？

....

....

● "つらい部分"を安心させるための別の方法があると思いますか？

　あなたが新しい選択をしたり、新しいことを試すスペースの準備ができたら、その"つらい部分"はどんな役割を担ってくれるでしょうか？ （たとえば、これからはだれかにいやなことをされたり一線を越えられたりしたとき、「怒りっぽいところ」が肩を軽く叩いて知らせてくれる？ 「ゴシップ好きなところ」は、その明るく活発なエネルギーを使って、別のユーモアであなたと友だちをつなげてくれる？ など）

....

....

....

....

● "つらい部分"に対して、これからは一緒に新しい変化を起こしたり、ちがう方法を考えようと前向きになってくれたりしていることに感謝の気持ちを書いてみましょう。

....

....

つらい部分は、あなたの味方

"つらい部分"は、あなたの味方になります。24ページを参考にして悲しむ練習法を考えてみましょう。

● "つらい部分"があなたの人生にもたらしたことに、どう別れを告げればよいでしょうか？たとえば、「ゴシップ好きなところ」は人生に興奮を与えてくれていたかもしれませんが、長い目で見れば自分にとってよくないことだとわかっていたかもしれません。「怒りっぽいところ」は、長い目で見れば人間関係を悪くするとわかっていても、激しい感情が起きたときにそれが力を与えていたかもしれません。どちらにしても「さようなら」を告げなくてはいけません。24ページのワークでおこなったように、物語の次のステップに進むためのスペースをつくるために、別れを告げるにはどんな練習をすればよいでしょう？

....

....

....

....

ゴール2

逆境を
乗り越える

ストレスを知る

さあ、はじめよう！

　ストレスは、とても不快なものです。「**どこかおかしいぞ**」「**なにかしなくちゃ！**」「**変えたり、修正しなくちゃ！**」という信号を体に送ることが、ストレスの仕事なのです。

　極端な場合、強い不安感と同じように、生きるか死ぬかの危機にさらされていることを体に伝え、生きるためには「逃げるか、戦うか、留まるかを選べ」と警告するシステムにもなるのです。体には、脅威を察知すると瞬時に呼び起こされる生理学的なプロセスがたくさん備わっています。ときには、原因に気づくよりも先に警告システムが作動することもあります。

　こうしたさまざまな体の変化は、安全のために重要ですが、警告ですから体が不快に感じることが多いのです。体が居心地の悪さを感じると、周囲で起きていることを感知することができます。急に行動しなくてはならないときには、リラックスしていた脳を起こして、脳と体をギアチェンジしてくれます。たとえば、"洞穴の探検中に熊に出会う"という危険に陥りそうなとき、ストレスによって素早く安全に私たちを救ってくれるのです！

　ストレスには２つの役割があります。

　① **ストレスの原因から抜け出したり、逃げたりできるように信号を送ること。**

　② **ストレスをなくすための行動がとれるように、より敏捷に、より効率よく、より効果的に警告すること。**

「ストレス曲線」は図のようなものです（Diamond et al., 2007）。

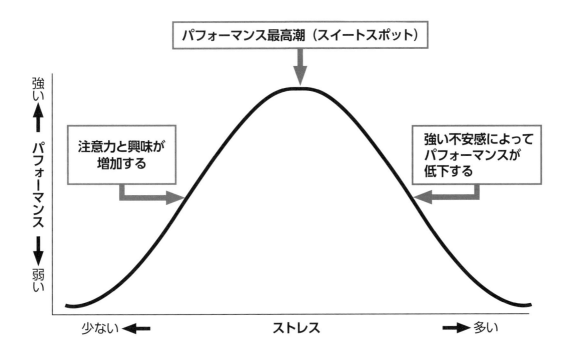

上の図は「ストレス曲線」を表しています。曲線の左側は"ストレスが少なすぎると、効率がよくない"ことを示しています。締め切りまで１カ月以上ある課題が出されたときのことを思い出してください。はじめは心配にならなかったでしょう？　体が機能する準備に入るには、十分なストレスがなかったからです。それから１、２週間たって（曲線の中央）、あなたにとって一番いい状況が訪れ、体と脳が「さあ、はじめなくっちゃな！　もうすぐ締め切りだ！」と気づくでしょう。この「スイートスポット」が訪れなかったらどうでしょう？　パニックで固まり、居心地の悪さから逃げるための動画を見ることをやめて、一晩か二晩徹夜をして課題をやり終えるかもしれませんね。

この図から、"最高のパフォーマンスをするためには、ある程度のストレスが必要"ということがわかります！　「TEDトーク」という人気のオンライン講演に登場した、ストレスの研究者で著者でもあるケリー・マックゴニガルは、「ストレスと仲よくなろう」という話をしています。**少しのストレスは、居心地が悪いとしても自然で健全です。**ストレスは、私たちをストレス曲線の頂点の「スイートスポット」ゾーンに連れていってくれるのです。

たとえばオリンピックのアスリートは、時間をかけてストレスの「スイートスポット」を学びます。最高のパフォーマンスをするためには、ストレス反応が必要だと知っています。そして、ストレスと同時に起こる体の感覚に慣れるように訓練をします。その感覚が"旧知の友だち"のようになるまで練習するのです。試してみましょう！

　ストレスの感覚に慣れると、恐れなくなります。またストレスが増えると、ストレスはあなたのよき友となり、勉強や仕事への取り組みに強さと効率と正確さを与えてくれるでしょう。

　ここではストレスが体にどのような影響を与えるか、よくみられるストレスの症状と対処法を紹介します。次の文章を読んで、自分にも同じような症状が表れたことはないか、どんな感じだったかを思い出してみましょう。目をつぶって思い出すと、よく思い出せるかもしれませんね。

肺

　ストレスを感じると、酸素を取り込むために呼吸数が増えます。いつもより呼吸が速くなるのは、正常なことなので驚くことはありません。そのまま身を任せて、安定した深い呼吸をしましょう。ストレスが「よいゾーン」に留まれるように、ゆっくりと息を吐き出しましょう。

心臓

　ストレスを感じると、心臓の鼓動が少し速くなりますが、これも正常です。変な気がしても焦らないで、呼吸を続けましょう。体が次の行動の準備をしているだけなのです！

肌

　ストレスを感じると、特に手のひらや脇の下に汗をかくでしょう！　体がクールダウン（冷却）しようとしているのです。体がオーバーヒートせずに走ったり戦い続けたりできるように、クールダウン・システムにスイッチが入るのです。これも健全なことです。よく汗をかくならば汗止めをしっかり塗って、汗じみが気にならないような黒い服や模様のある服を着ましょう。そして、前進し続けましょう！

お腹

　ストレスを感じると、体が一瞬一瞬、決断しなくては
ならない状態になります。体のエネルギーは限られてい
るので、脅威がおそってくると、必要に応じて逃げ続け
るか、戦い続けるかにすべてのエネルギーを向けます。
そのために、最重要ではない体の機能の「休止」ボタン
を押します。その代表的なものが、消化機能です。スト
レスがあるときに吐き気がしたら、消化が後回しにされ
たシグナルです。お腹の中のものが不愉快な"悪い塊"
のように感じられるでしょう。でも、心配ありません。
この感覚は一時的なもので、病気ではありません！

目

　ストレスを感じると目の瞳孔が開くので、光をまぶし
く感じることがあります。外にいるときは、サングラス
をかけたり、つばのある帽子をかぶりましょう。屋内に
いるときは、目を閉じてゆっくり休みましょう。

筋肉

　体がストレスに反応しているときは、特定の動きを強
く要求します。たとえば、体を動かさずにじっとしてい
ようとしても、筋肉を緩めたり収縮したりする筋収縮線
維という箇所に信号を送り、"動くべきだ"と伝えます。
すると、じっとしていても体は少し震えるかもしれませ
ん。これも正常なことです。こういうときは、少し動い
てみましょう。筋肉に働く機会を与えると、震えが収ま
るかもしれません。

●ストレスや不安があると、どんな感じがしますか？　もっとも強く感じたときのことを書きましょう。

....

....

●ストレスや不安が引き起こす感覚が心配なら、どんなふうに心配か、具体的に書きましょう。（信頼できる大人やお医者さんにその心配を相談してみてください。ストレス反応が起きたとき、体はだいじょうぶだと脳を安心させるのに役立つかもしれません）

....

....

●先に紹介したような正常なストレス反応と感覚に対する恐れがある場合、自分にどう言い聞かせますか？　（たとえば、「吐き気がするのはふつうのことだ。病気ではない」）

....

....

●今度は、これまでの体験でスリル満点だったことを思い出し、そのときの感覚について書いてみましょう。スポーツをしているとき、ローラーコースターに乗ったとき、恐怖映画を観たとき、飛び込み台からプールに飛び込んだときかもしれません。

....

....

....

●その体験をしているとき、体にどんなことが起こりましたか？

....

....

....

●スリル満点な体験をしているとき、自分にどんなことを言っていましたか？　スリルを楽しいと思ったのはなぜでしょう？

....

....

....

●おもしろいことに、“ストレスがあるとき”と“スリルがあるとき”の体の感覚は同じです。どちらの場合もアドレナリンなどのホルモンが放出されます。ちがいは、あなたがその状況と感覚をどう解釈するかです。それでは、ストレスと仲よくするためにはどんなことを言えばよいと思いますか？　自分の言葉で書いてみましょう（たとえば、「これは不快な感覚だけど、体が次の行動をするための準備だから役に立つんだ」）。

....

....

....

こわいと感じたときは…

　たとえば、人前で話したり演じたり、テストを受けたりしているときに、こわいと感じたことはありませんか？　同じようなことが起きたら、（ローラーコースターに乗っているときのような）楽しいときにも同じ感覚が起きたことを思い出しましょう。

トレーニング 5 グリットと「しなやかマインドセット」を身につける

さあ、はじめよう！

　現代社会は IQ や才能を重要視して、「○○は優れている」「○○な才能がある」とすぐに決めつけてしまいます。しかし、新しくはじめたスポーツや趣味で、すぐにスーパープレーヤーや名人になれなかったら、「自分は標準以下で"才能がない"」とあきらめるべきでしょうか？

　成功の決め手は、IQ や才能、生まれ持った能力ではありません。長期の目標に向かう情熱と忍耐力を持ち続け、持久力を養って、未来へ向かって努力することです。これを「グリット（やり抜く力）」といいます（Duckworth et al., 2007）。

　グリットを育てるには、トレーニング 3（23 ページ）で説明したことと大きな関係があります。ここまで、私たちは脳に挑戦することの必要を学びました。脳は効率を保つために「もとへ戻れ！」というシグナルを送ります（エネルギーを使ってつくり上げた回路をあなたが本気で変えようとしているのかどうかを脳が確かめようとするのです）。

　また、まちがいなく正しいと思える真実でも、よく調べてみると、それは独断的であったこと、少しの努力で変えられるものだということも学びました。自分の信念や物語、アイデンティティもそうです。

　グリットを育てる大きな要素の 1 つが、「しなやかマインドセット」です（Yeager & Dweck, 2012）。これは、"学習する能力は決められたものではなく、どれだけ努力したかによって変えることができる。そして、知能も努力によって発達する"という考え方で、「硬直マインドセット」（知能は変わらないし、スキルや才能や能力は生まれつきのもので変えることができないという考え方）とは正反対です。「しなやかマインドセット」のスキルは、身につけることができます。

やってみよう！

●あなたの出発点を知るために、次の質問に「当てはまる」と「当てはまらない」で答えましょう。

❶ うまくできないと、わりと早くやめてしまう。

□ 当てはまる　　□ 当てはまらない

❷ していることを批判されると、自分にはうまくできないのだと思う。

□ 当てはまる　　□ 当てはまらない

❸ 頭がいい（悪い）のは生まれつきだから、変えられないと思う。

□ 当てはまる　　□ 当てはまらない

❹ 新しくはじめたことを友だちの方が上手にできると、自分は劣っていると感じてしまう。

□ 当てはまる　　□ 当てはまらない

❺ 新しく習ったことをまちがえてしまうと、すぐに無理だと思ってしまう。

□ 当てはまる　　□ 当てはまらない

❻ すごく努力しないといけないのは、自分がうまくやれないから、賢くないからだと思う。頭がよくて才能があれば、簡単にできるはずだと思う。

□ 当てはまる　　□ 当てはまらない

❼ 授業でまちがった答えを言ったら、バカだと思われるだろう。100％自信がなければ手をあげるべきではない。

□ 当てはまる　　□ 当てはまらない

❽ 自分の脳は限られた方法で一定のことしか考えられないし、変わることはない。

☐ 当てはまる　　☐ 当てはまらない

「当てはまる」は、あなたがもっとしなやかにしたい部分

　さあ、「当てはまる」と「当てはまらない」の割合を見てみましょう。いくつ「当てはまる」がありましたか？　今はいくつあっても心配ありません。それを克服することがこのワークの目的ですから！　「当てはまる」と答えたところが、もっとしなやかにしたい部分なのです。前のトレーニング3（23ページ）で学んだように、これまで信じていたことや自分の物語を変える挑戦をしましょう。

「当てはまる」と答えた質問について、考えてみましょう。

●そういう考えや信念をもったのは何歳ころからですか？　　　　　　　　　　　　歳

●そういう考えをはじめて「ダウンロード」して受け入れたのには、だれかの影響や特別な状況がありましたか？

●脳をしなやかにして、「当てはまる」の答えを「当てはまらない」に変える方法を試してみませんか？「絶対にいやだ」なら1、「ぜひやってみたい」なら10を選びましょう。

　　　1　　2　　3　　4　　5　　6　　7　　8　　9　　10

●あなたの選んだ数字について考えを書いてみましょう。もしそれが1より大きくて10より少ない数字を選んだのなら、なぜその1つ下の数字を選ばなかったのでしょう？　（たとえば、5を選んだ人は、なぜ4を選ばなかったのですか？）

● 1を選んだ人は、人生のなにを変えるべきだと思いますか？　あるいは、1を2にするにはどうすればよいと思いますか？　どんな答えであってもいいのです。変えたいと思ったときは、信頼できる大人と話して、援助してもらえるか考えてみましょう。

....

....

....

●次の❶〜❽の文を読んで、考えてみましょう。そこに書かれていることを、今どのくらい信じていますか？　1〜10で選びましょう。次に、そのことをどのくらい信じたいと思うか、1〜10で選びましょう。

❶ すぐに上手にできなくても、まったく問題ないよ！　だれだって、どこからかはじめなくてはならないんだ。名人だって、最初はなにもわからなかったんだから。（1＝まったく信じない、10＝大賛成！）

　　　　今の信じる気持ち：1　2　3　4　5　6　7　8　9　10
　　　　信じたい気持ち　：1　2　3　4　5　6　7　8　9　10

❷ 人に批判されたとき、この次はもっとうまくできるようになるためのチャンスだと思う。まだ練習中だし、それはよいことなんだ。たとえうまくできる人でも、毎日、練習を続けている。それは大人も子どもも名人でも、同じことだ。（1＝まったく信じない、10＝大賛成！）

　　　　今の信じる気持ち：1　2　3　4　5　6　7　8　9　10
　　　　信じたい気持ち　：1　2　3　4　5　6　7　8　9　10

❸ 自分はある特定のスキルと能力を持って生まれてきた。だから練習と努力によって成長し、進歩し、変化するものだ。（1＝まったく信じない、10＝大賛成！）

今の信じる気持ち：1　2　3　4　5　6　7　8　9　10
信じたい気持ち　：1　2　3　4　5　6　7　8　9　10

❹ 友だちの方が新しいことをすぐ上手にできてもいいんだ。自分も努力と練習を続けていけば、進歩することができる。友だちも自分も、はじめの才能よりも、努力を続けるかどうかによって最終的なスキルや能力が変わってくるんだ。（1＝まったく信じない、10＝大賛成！）

今の信じる気持ち：1　2　3　4　5　6　7　8　9　10
信じたい気持ち　：1　2　3　4　5　6　7　8　9　10

❺ 新しいことを学ぶうえで、まちがえることはよいことなんだ。そこから本当に学習することができるから！　まちがいを通して、上達する方法を学ぶんだ。（1＝まったく信じない、10＝大賛成！）

今の信じる気持ち：1　2　3　4　5　6　7　8　9　10
信じたい気持ち　：1　2　3　4　5　6　7　8　9　10

❻ 努力するということは、練習すればするほど進歩し続けるということだ。人によってはもっと努力が必要なこともあるけれど、努力すればきっと上達できる。（1＝まったく信じない、10＝大賛成！）

今の信じる気持ち：1　2　3　4　5　6　7　8　9　10
信じたい気持ち　：1　2　3　4　5　6　7　8　9　10

❼ 授業でまちがった答えを言ったら、正しい答えを覚えられて次のテストのときに役立つ。それこそ本番の点数につながるんだ！　授業で質問に答える努力をするのは、学ぶことと覚えることにすごく役立つんだ。（1＝まったく信じない、10＝大賛成！）

今の信じる気持ち：1　2　3　4　5　6　7　8　9　10
信じたい気持ち　：1　2　3　4　5　6　7　8　9　10

❽ 脳は常に発達し、変化し、進化している。生涯学び、成長し、進化し続けるスキルと能力があるんだ。（1＝まったく信じない、10＝大賛成！）

今の信じる気持ち：1　2　3　4　5　6　7　8　9　10
信じたい気持ち　：1　2　3　4　5　6　7　8　9　10

●❶〜❽の答えを見て、「今の信じる気持ち」が「信じたい気持ち」よりも低いものについて、脳をしなやかにするにはどうすればよいか、いくつか方法を考えて書いてみましょう。

....

....

....

●上の質問のどこで行き詰まったのでしょうか？　考えているときに思いついたことを書いてみましょう。

....

....

....

自分が決めたゴールに思考を近づける

　だいじょうぶ！　自分が決めたゴールに近づけるような新しい考え方やスキルを、このワークブックで探り続けていきましょう。

　シンプルな言葉を使って、脳をストレッチしてしなやかにしてみましょう。まず、日常的によく使う「いつも」「決して」という2つの言葉をネガティブな意味で使わないようにします。次に、すごくパワフルな言葉を語彙に加えます。パワフルな言葉とは、「資格を与える」言葉のことで、あなたの新しい親友になるでしょう。いくつか例をあげます。

■10の「資格を与える」言葉と使い方

まだ	しょっちゅう	ときどき	たまに	多少
かもしれない	今のところ	現在	場合によっては	これまでは

　苦労したり、困難なことが起きたとき、「全部かゼロか」の脳になってしまうことがあります。「作文がへただ」「野球がうまくない」「数学の点数がいつも最悪」という状態に脳が入ってしまうのです。こうした考え方のせいで「しかたないね、どうしようもないんだから！」という気持ちになってしまいます。行き詰まって希望をなくし、あきらめたり、努力することをやめたりするかもしれません。人生において、状況がよくならないことを保証する第一の方法は、あきらめることなのです。

　「変化はいつでも起こせる」「どんなことでも練習できる」「いつでもスキルを高めることができる」という考えを脳に気づかせてほしいのです。変えられないことなんてないのです！　たとえ今あなたがとてもむずかしい状況や試練に向かっていても、自分をエンパワーする（励ます）ように、今までの言い方に上の10の「資格を与える」言葉を足してみましょう。3つのステップでおこないます。

1. 「いつも」「決して」をネガティブに使っているなら、もう使うのをやめましょう。きれいさっぱりやめるのです！
2. "変化"と"可能性"のスペースをつくるために、「資格を与える」言葉を加えましょう。
3. 困難なときでも変われるし、成長できることを「……でも」という言葉を続けて説明しましょう。

例を見てみましょう。

◆「私は作文がへただ」をこう変えましょう。

> 私はこれまでは（　資格を与える言葉　）作文がへただった
> ……でも練習すればうまくなるよ。

◆「野球がうまくない」をこう変えましょう。

> 「まだ（　資格を与える言葉　）野球はうまくない
> ……でも練習していればきっとうまくなるよ！

◆「数学の点数が最悪」をこう変えましょう。

> 数学の点数が今は（　資格を与える言葉　）最悪だ
> ……でも家庭教師に習えばきっと点数があがるよ！

さあ、あなたもやってみましょう。

●あなたを今苦しめている、つらい否定的な考えはなんですか？

....

....

....

●「資格を与える」言葉を使って、「へただ」「うまくない」「最悪だ」を書き直しましょう。

....

....

....

● そのほかの「資格を与える」言葉を使って、パワフルな言い方に変えてみましょう。

現在

たまに

かもしれない

しょっちゅう

ときどき

場合によっては

苦痛に耐える──氷の実験

"人生はいつもハッピーで、楽しくて、公平であるべきだ"と教えられてきたかもしれませんが、そうとは限らないことにもう気づいていますよね。私たちは、苦悩を通して強さを身につけるのです。どんなによい映画にも、主人公を阻む障害や衝突が起こり、苦労しながらそれを乗り越えていきます。ハリー・ポッターだって、両親を亡くしたり、魔法使いのヴォルデモート卿（おっと失礼、名前すら口に出してはいけないのでしたね！）がいたからこそ成長したし、シンデレラにだって悪魔のような継母が必要だったのです。

人生で困難なことが起きると、傷ついたり、心がズキズキ痛んだり、胸がはりさけそうになりますが、同時に乗り越えたり、耐えたり、克服したりできるときだということです。

立ち向かうことで強さを身につけるのです。

体の痛みに耐える訓練ができるように、つらい感情に対処したり耐えたりする力を育むことができます。スポーツのトレーニングのように、体のつらさに耐えた経験はありませんか？ 少しずつ重量を上げる練習をしたり、少しずつ長い距離を走る練習をしたとき、つらい気持ちを押して進み続けたでしょう。感情や考えや気持ちにも同じことができるのです。

感情のつらさに耐えることをよりむずかしくしているのは、感情の痛みには体の痛みと同じ脳の回路が使われているからなのです（Eisenberger, Lieberman, & Williams, 2003）。たとえば足を踏まれたら、その痛みからすぐに抜け出そうという自然な気持ちが働きます。つらい感情が起きたときも、脳が「状況を変えろ！」と激しいシグナルを送ります。

困ったことに、人生にはすぐに変えられない感情や、まったく変えることのできない状況がたくさんあるため、この脳のシグナルによって、絶望的な気持ちになったり困惑したりします。

親の離婚を阻止したり、亡くなった人を生き返らせたり、別れた恋人に戻ってきてもらったりすることはできないでしょう。恥ずかしいことをしてしまっても、なかったことにはできません。

重要なのは、**体のつらさに対する自分の反応を知り、感情的につらいことがあったとき、同じ反応が起きることに気づくことです。**

そうすることで、すぐには変えられない苦しみや、変えることのできない苦痛に耐えるスキルを学ぶことができます（McKay, 2007）。つらさや不快さに立ち向かい、嘆き、対処していきながら、耐えて、受け入れていくことで脳は強くなり、つらい感情をがまんする力も強くなります。体が強固になるのと同じです。強さとレジリエンスの力が発達するにつれて、痛みが少しずつ和らいでいきます。

彼は、最近とてもふさぎ込んでいます。これまでたくさんのことに怒ったり、振り回されたりしてきました。中学3年のときには親友が引っ越し、ずっと好きだった女の子に振られ、親が離婚しました。部屋に1人でいると、考えや感情に打ちのめされてしまいます。不快な感情がいやでたまらないので、無視するために忙しくしていました。でも、ダメなときもありました。「もう無理だ。つらすぎる。耐えられない。どうしたらいいかわからない。乗り越えられない」という考えが頭の中でグルグル回っていました。

　でも、彼はこんな気持ちを乗り越える方法があるはずだと思い、つらさに耐えるスキルを学びました。

　それは、アイスホッケーの練習をしているとき、火がついたように足が痛み、汗が目にしみて、体中が痛くなるまで自分を追い込み続けた方法と同じでした。体の痛みに耐えて努力したスキルを、つらい気持ちや試練に耐えるために使ったのです。練習で疲れ切ってもう無理だと思ったときでも、"前へ進め"と言い聞かせた心の声と回復するスキルを、つらい気持ちにも使えることに気づいたのです。

　アイスホッケーの練習で足の痛みを受け入れたときのように、自分を支え、共感し、つらい気持ちを受け入れることで、彼は激しい感情を切り抜け、感情の波を乗り越えられるようになりました。そしてつらい気持ちの満ち引きが、人生をより生き生きとした意味のあるものに思わせてくれることにも気づきました。腹を立てたり、激しい感情を感じ取ったりするスキルは学ぶことができると気づいたのです。感情は、はっきりと感じることによってのみ、乗り越えることができます。つらい感情を嘆き、そこから回復し、立て直して、人生の次のステップへと進むことを学んだのです。

やってみよう！

　脳の「戦うか、逃げるか」を判断する箇所に反応を起こさせる実験です。不快な感情が起きたときにも同じところが反応します。つらい感情が起きたとき、身体的なつらさのときと同じところが働きます。脳の感情をつかさどる部分をうまくコントロールするために、覚えたスキルを利用し、育て、発達させていきましょう。

　実験には、次の3つのものを使います。

　　　1．氷を1つ
　　　2．ボウル
　　　3．タイマー

　まず、氷をボウルに入れます。片手で氷をつかむ準備をし、もう片手でタイマーを用意します。氷を握っているあいだに、脳で起きていることを記録する実験です。氷から手を離したくなったら、離す直前に自分にどんなことを言ったかにも気づきましょう。さあ、「3、2、1」で氷を握り、タイマーをスタートさせてください！

　3……2……1……、　ゴー！

●氷を握っていた時間を書きましょう。 ....

●氷を握り始めたとき、脳はどんな反応をしたり、言ったりしましたか？

　...

　...

●氷を握り続けると、脳はなにを言い始めたでしょうか？

　...

　...

●氷を手から離したとき、脳はどんなことを言い始めましたか？

....

....

●氷を離して手が温まったら、もう一度同じことをしてください。「こんなの簡単すぎるよ！」と思う人は、次の「上級編」をやってみましょう。氷を水差しの3分の1まで入れて、腕を入れてもあふれない程度に水を上まで入れます。そう！　水差しに腕をすっかりつけるのです。上級編を試したい人は、氷を握るかわりに氷水に腕をつけてやってみましょう。

....

....

さあ、2回目をはじめましょう。タイマーをスタート！
今度は前より長く氷を握っていられるでしょうか？

●今度はどれだけ氷を握っていられましたか？　時間を記録しましょう。

....

●前よりも長くなったならば、どんなちがいがあったでしょうか？

....

....

●その場合、頭の中で自分にどんなことを言いましたか？

....

....

●前よりも長く握っていられなかったならば、次にどうすれば、もう少し長く握っていられると思いますか？　自分を励ますようなことを言ったり、人生のほかの場面で覚えたことを適用してみたりしましょう。

....

....

脳が言う「状況を変えろ！」というサインに気づくために

　ここで気づいてほしいのは、"脳が「不快なことはやめたい」とあなたに思わせるためにどんなことをするか"ということです。これはとても大切なことです。なぜなら、感情のつらさと体のつらさへの対処のちがいがあるからです。身体的な苦しさや不快さは、状況や環境を変えることができます。暑ければセーターを脱げばいいし、寒ければ暖房をつければいいのです。身体的な不快さが起きると、脳が「状況を変えろ！」と信号を送ります。変えることによって（たとえば、凍死したりせずに）生き続けることができるわけです。

　しかし、感情的なつらさはどうでしょう。つらい感覚に耐えたり、不快さをがまんしたり、喪失や痛みを嘆いたりしながら、少しずつ癒されていきます（つらさに打ちのめされないためには、少しずつ時間をかけていくことが大切な場合もあります）。ですから、脳がつらい感覚や気持ちを避けさせようとして発する「状況を変えろ！」というサインに気づくことが大切です。そして、不快な感情を受け入れ、認めて、切り抜けるあいだ、自分を支え続けていく（氷を握る時間を長くしていくような）ことを学ばなくてはならないのです。

もうすぐ立ち向かわなくてはならないことを１つ想像してください。試験でもいいし、大切な人とむずかしい話をしなくてはならないことでもいいでしょう。

● そのとき、もっともつらいことはなにかを想像してみましょう。それはどんな感情ですか？

....

● 以前、それと同じ感情を乗り越えた経験はありませんか？　思い出して書きましょう。

....

....

● 以前、そのむずかしい感情をコントロールしたり耐えたりするために、自分にどんなことを言いましたか？

....

....

● つらい感情に耐えるために、ほかに役立つことがあれば書いてみましょう。氷を握っていたときに自分を励ました方法を書いてもいいでしょう。不快さを切り抜けるために、頭の中の自分にどんなことを言えばいいでしょうか？　それはどんな言葉ですか？

....

....

....

「直接的な苦痛」と「間接的な苦痛」を知る

　苦痛に耐える練習をしているときに、以前に体験した苦痛や不快さの記憶の渦に取り込まれてしまうことがあります。すると、苦悩が必要以上に大きくなってしまいます。それは「直接的な苦痛」から「間接的な苦痛」をよび起こしてしまったからです。「直接的な苦痛」を体験する許しを自分に与えながらも、「間接的な苦痛」の渦に脳が巻き込まれないようにしたいのです。この2つの言葉について考えていきましょう。

　「直接的な苦痛」とは、できごとと感情をまっすぐ結んだ線によって感じられます。人生には困難なできごとが起き、それにともなって不快な感情が起きます。これは、健全で想定内のことです。脳の感情をつかさどる部分に"不快な感情"を処理させるためには、たとえ不快であっても、直接的なつながりをさえぎってはいけません。感情をおさえ込んだり、無視したり、閉じ込めたりした挙句、あとで爆発したり挫折したりするような習慣をつけないためです。このような習慣がつくことは、長い目で見ればもっと不快です。

■ 直接的な苦痛の例

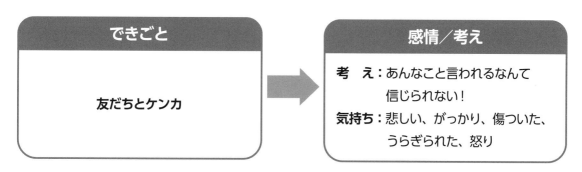

できごと		感情／考え
友だちとケンカ	→	考　え：あんなこと言われるなんて　　　　　　信じられない！ 気持ち：悲しい、がっかり、傷ついた、　　　　　　うらぎられた、怒り

　ケンカをしたとき、上の図のような気持ちになるのはまったく理にかなっています。こうした感情が起きたら、それがつらくて苦しくても、がまんし、受け入れ、それに耐えられるようになりたいものです。

　直接的な苦痛が「間接的な苦痛」の渦（52ページ）に巻きこまれることはしたくありません。**その渦に巻き込まれるとは、今のできごとが感情と結ばれる線から外れて、そのことに関係する過去の記憶や恐れなど、あらゆる感情のクモの巣状のワナに捕らえられてしまうことです。**すると、打ちのめされてしまいます。できごとと感情を直線でつなぐように脳に教えながらも、脳の記憶のワナをさまよう誘惑は避けなくてはなりません。こうした誘惑はよく起こり、感情的にどこまでも打ちのめされていきます。それを避けるには、自分への思いやりある自制心と、脳と考え方をそっと方向転換させることが必要です。

■ 間接的な苦痛の例

できごと	感情／考え
友だちとケンカ	**考　え**：あんなこと言われるなんて信じられない！ **気持ち**：悲しい、がっかり、傷ついた、うらぎられた、怒り

＊ここまでで考えるプロセスをストップするのが理想的です。これより下は「間接的な苦痛」となります。

考え：もしかしたら友だちはみんな、私のことがきらいなのかもしれない。

考え：5年生のとき、友だちの誕生会に病気で行けなかったことを怒られたようだ。

感情：拒絶された、ひとりぼっちだ、見捨てられた、希望がない。

考え：だれもわかってくれない、だれも味方になってくれないし、ひとりぼっちだ。

感情：絶望、引きこもり、無力感、取り乱し、孤立

考え：みんな私に腹を立てている。みんなにきらわれているから、ぜったいに幸せになれないよ。

考え：親だって私に腹を立てている。私がきらいなんだ。

考え：この前はAが、数日前はBが私のことを怒っていた。今は犬までが腹を立てている。

感情：困惑、混乱、攻撃を受けた、怒り、だれかを攻撃したい。

　１つのできごとが、あっという間に頭の中で絶望の渦になってしまうのがわかりましたね。それによって、つらい気持ちや困難な感情にもなかなか立ち向かえなくなってしまうことがよくあります。関連した記憶や考えが連続して起きるのを、どのように止めればよいかわからなくなるからです。

　人生で経験することは、なにかしら似た記憶やパターンが頭の中で関連づけられてしまいます。

　つまり、脳が悲しいことを考えると、悲しいことすべてをいっぺんに考えてしまう傾向があります。でも、できごとを「１つの原因と、１つの結果」という関係だけに留めることを学ばなくてはなりません。

　私たちは、いくつものつらい記憶を一度に処理できるようにできていません。脳が１つのことに集中できるように助けると同時に、ほかの考えは今の問題の対処が終わるまで後回しにしてもいいと脳に気づかせなくてはなりません。

　過去に起こったことは、また別のときに考えればよいのです。一度に対処するものではありませんね！

　最近起きたことや、つらいできごとを考えてみましょう。そのできごとに直接関係のある考えや感情を下の枠内に書きましょう。この「直接的な苦痛」を感じたり、処理したり、耐えたりすることを許してもいいのです。

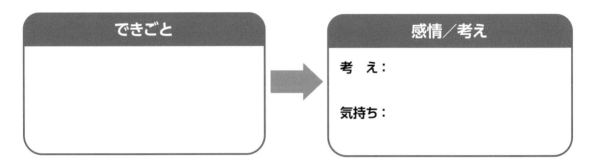

できごと	感情／考え
	考　え： 気持ち：

　上のできごとに関連する「間接的な苦痛」について考えてみましょう。下の枠内に、関連して思い出されるできごとと、そのときの気持ちや感情や考えを書いてみましょう。その中で、上に書いたことにつながる直接的な考えや感情だと思うものに〇をつけて、それ以外のものには☆印をつけましょう。☆印をつけたものは、脳が今の感情の処理を終えたときに立ち戻って処理したり考えたりすればいいのです。

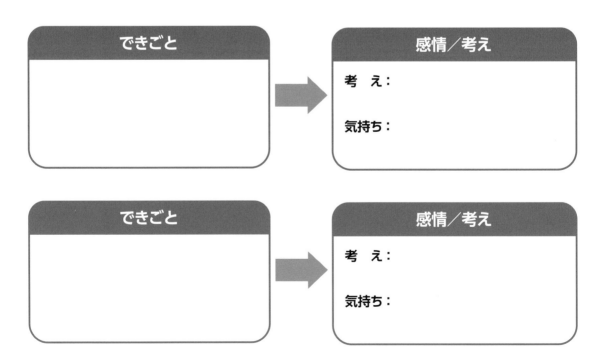

できごと	感情／考え
	考　え： 気持ち：

できごと	感情／考え
	考　え： 気持ち：

クモの巣のワナから脳を助ける

　クモの巣のように広がるワナに気づいて、「直接的な苦痛」だけに集中できるよう脳を助けましょう。つらい感情が起きたら、これまでに覚えた苦痛に耐える方法を使いましょう。今は、すべての困難な状況に一度に対処するときではないと脳に言い聞かせましょう。

● 「間接的な苦痛」のワナへと脱線し始めたとき、脳が「直接的な苦痛」だけに集中できるようにするには、どうすればよいでしょう？

....

....

....

● 脳にどんなことを言えばよいか、書いてみましょう。

....

....

....

....

　「間接的な苦痛」の記憶にも対処する必要がありますが、一度にすべてを処理するのは無理です。「間接的な苦痛」のワナの渦に取り込まれることなく、今の「直接的な苦痛」だけに集中できるように計画を立てましょう。

●過去の考えや記憶に対処するとき、手をさしのべてくれたり、話を聞いてくれるのはだれですか？　（たとえば、友だち、恋人や家族、先生、支援者など）

....

....

●つらい考えや感情を処理するもっともよい方法はなんですか？　（たとえば、考えや気持ちを日記に書く、だれかに相談する、自分に話しかける、ジョギングや散歩をする、絵を描く、楽器を演奏するなど）

....

....

....

....

●これから何週間かのうち、どんなときに「間接的な苦痛」の記憶に対処する時間をもてばいいか、考えて書きましょう。（たとえば、学校から家に帰ったあと、日曜日の夜、お昼休み、ジョギングをしているときなど）

....

....

....

●古い傷や記憶、人生のつらいことに立ち戻って、それに対処する時間をつくる決意をここに書きましょう。どんな時間をあてるかも書きましょう。

....

....

●行き詰まったときや圧倒されたとき、「間接的な苦痛」への対処になにをすればいいのかわからなくなったら、信頼できる人や大切な人や専門家（養護教諭、学校カウンセラー）に助けてもらうことはできますか？

....

●ほかの人に助けてもらってもよいと思いますか？

....

ゴール3

自分の強さを見つける

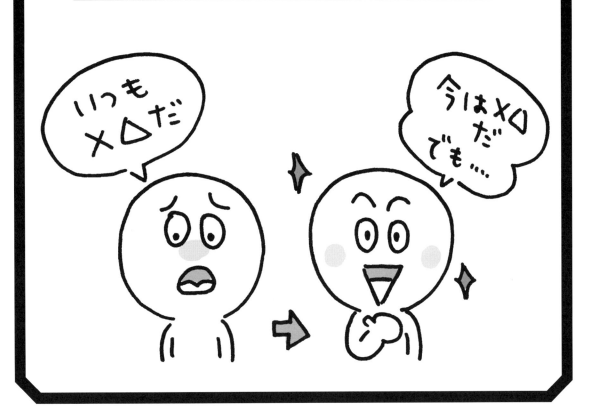

恐れ── 「もし……」を 「だいじょうぶ」で答える

さあ、はじめよう！

　人生でつらいことがあると、不安や不確かな気持ちや恐怖感が起きます。新しい状況や試練が起きると、どうしてよいかわからなくて麻痺するような気持ちに凝り固まってしまったり、無力さを感じたり、不安定な気持ちになります。「もう……しない方がいい」という気持ちになるかもしれません。困難な試練を避けることばかり考えてしまいます。いやな気持ちから逃れるために、あなたはいろいろなことを試すと思いますが、もっとよい方法があります！

　認知行動療法で使う"不安の方程式"を紹介しましょう。不安についての数学的な解説です。

$$不安感 = \frac{\uparrow 危険（分子）}{\downarrow 対処（分母）}$$

　分数の知識をあてはめると、「危険」だという感覚（分子）が大きくなればなるほど不安感が高くなっていきます。また、「対処」できるという感覚（分母）がとても小さい場合でも、不安感がとても高くなります。

　したがって、分子を小さくして分母を大きくするように取り組まなくてはなりません。危険度が非現実的なレベルまで上昇しないようにすると同時に、困難な状況や試練に対処する能力も大きく育てていきたいのです（行き詰まったときに、どこでだれに助けてもらうかも「対処」に含まれています）。

　困難な状況に対処する能力のアップに役立つことは、「恐怖を追いかける」方法です。

　文字通り、最悪のシナリオを追いかけて、恐怖が飛び回ってひどい結果を起こそうとするのに立ち向かい続けるのです。そうすれば、人生で悪いことが起きても、"自分には対処の方法と解決法がある""○○から苦難を切り抜ける手助けを得られる"と脳に気づかせることができます。

■ 恐怖心を追いかける方法（例）

> **もし……** 学校のクラブ活動に入れなかったら？

> **こうすればだいじょうぶ……**
> 地域のほかのクラブに入って新しい友だちをつくればいい

> **もし……** そのクラブにも入れなかったら？

> **こうすればだいじょうぶ……**
> そのスポーツの個人指導を受けるか、別のクラブを選べばいい

> **もし……** すごく下手で、みんなに笑われたり、からかわれたりしたら？

> **こうすればだいじょうぶ……**
> みんなと一緒に笑って、こう言えばいい。「まだうまくないけど、楽しいな！　1人で練習するより楽しいし、新しいことを覚えられるんだ！」

恐怖心を追い詰める

　どんな恐怖心でも追いかけて、追い詰めましょう。また、どう答えてよいかわからいときに、助けてくれたり、アイデアをくれたり、支えてくれる人はだれですか？　名前を書いておきましょう。

● ずっと恐れていた新しい挑戦について、この方法を試してみましょう。

> **もし……**

*恐れていることをここに書きましょう。

● 次に、その恐れが現実になったとき、どうすればいいかを書きましょう！

> **こうすればだいじょうぶ……**

● この方法で新しい恐れが出てくることもあります。必ずではないので、新しい恐怖をわざわざ探すことはありませんよ！　新しい恐れが出てきたら、ここに書きましょう。

> **もし……**

さあ、この問いにも答えましょう！

> **こうすればだいじょうぶ……**

● ほかにもこわいと思うことが出てきたら、同じ方法を使いましょう！
　行き詰まったときは、どこでだれに助けてもらうかも含めて考えましょう。

> **もし……**

> **こうすればだいじょうぶ……**

> **もし……**

> **こうすればだいじょうぶ……**

もっと やってみよう！

危険（分子）についても考えてみましょう。

$$不安感＝\frac{\uparrow 危険（分子）}{\downarrow 対処（分母）}$$

　まずは、「考えのワナ」（認知行動療法では、"認知の歪み"と呼んでいます）について少し考えてみましょう。これは脳が、危険が非現実的なほど大きくなったときに出すサインです。

全部かゼロか　例：「自分は完ぺきだ」「自分はまるでダメだ」
　完ぺきでなければ、最悪でしかないと脳が決めることです。しかし、ものごとは白と黒だけとは限りません。完ぺきでないからといって、よいところを敵に回してはいけませんよね。完ぺきにやるのと、やり遂げるのとでは、どちらを選びますか？　この2つを同時にすることは、なかなかできません。

一般化しすぎ　例：「1つのことで行き詰まると、すべてに失敗するようになる」
　小さいネガティブなことがあると、永遠にネガティブが続いてひどくなる一方で、しかもそれが人生のすべてにあてはまると脳が決めつけます。

プラスの否定　例：「あてにならないよ」
　よいことに気づいて喜ぶのではなく、理由をつけて「どうせ意味ないし」と思ったり、よいことを否定してしまうことです。でも小さなよいことも、よいことには変わりありませんよね！

結論への飛躍　例：「自分はもちろん正しい」（読心術や占いのような誤った考え方）
　ものごとについて、"もう決まり切っている"と将来のことまで決めてしまうことです。当たっていると思っても、本当にそうなるかどうかはわかりませんし、予測をしたからといって努力を怠るべきではありません。読心術の考え方は、相手に確認したり、相手からそう言われたわけでもないのに、その人が自分についてどう考えているかを勝手に決めることです。私たちは思っているほど推測がうまいわけではありません。それに推測が事実になると思い込む前に、本当かどうかを調べなくてはなりません。

破局的な思考　例：「もうこの世の終わりだ！」

　1つの悪いできごとが、次の悪いできごとへとつながっていくと脳が考えることです。たとえば、テストで赤点を取ると、その授業の単位を落としてしまい、卒業できなくなって、お金を稼げなくなり、ホームレスになる……というようにエスカレートしてしまいます。

感情的に理論づける　例：「悲しいから、自分の人生は最低だ」

　脳が悲しい状態にあると、いろいろなことを悲しいレンズで見てしまうことがよくあります。でも数時間後に幸せな気分になると、突然いろいろなことがよく思えてきます。うまくいかない日があっても、それによって人生の見方を変えてしまわないように注意しましょう。これは一時的なレンズでしかないのです！

「○○○すべき」と断定　例：「変えようとしないのに自分を責める」考え

　「○○○すべき」と自分に言うときは、なにも変えようとしないのに自分を責めているのです。すると気分が大きく変わって、生産性がなくなってしまうのです。「すべき」を「これからする」「できる」「やる予定」、あるいはちょっと軽く「やってもいいさ！」と変えてみましょう。そして、行動や予定に移しましょう。「今すぐ」でなくてもいいのです！

●脳が「この状況は、必要以上に危険だ」「最悪」「いやな感じがする」など、うまくいきっこないと過剰な推測をし始めたとき、どんな考えのワナにとらわれていると思いますか？

....

....

....

....

●考えのワナに用心するには、どうしたらよいか書きましょう（用心するために自分に言うこと、アラームや合図を使って用心することを思い出させること、日記やリストに書いておくことなど）。

....

....

恐怖を追いかけてみる！

　脳は、「ほんの小さな可能性」に目を向けていることをお忘れなく。「最低最悪の事態だ」という些細な可能性に焦点を合わせようとするのです。でもたいていは、そんなことにはなりません。だから、その恐怖の感情が確実なものなのかを見直して、バランスを取らなくてはなりません。まず考えのワナを呼び起こし、そこに含まれるほんの一粒の可能性に対して「恐怖を追いかける」アプローチをはじめましょう。最悪のシナリオでも、切り抜けることができると脳に気づかせるのです。どうしてよいかわからなければ、いつでも助けてくれる人がいます。

自分への手紙を書く

さあ、はじめよう！

　毎日が苦しくて、解決が困難な問題が次々と起こってくると、思いもよらない感情が起きて驚くかもしれません。これから起きることにも、自分には対処する能力がないと疑い始めるかもしれませんね。

　このときに、なにが起きているのでしょうか？

　脳には神経細胞があって、それがつながることで記憶や学習をしたり、情報の保管をしたりできるのです。

　まるで複雑なクモの巣が脳の中にたくさんあって、クモの巣の一つひとつが情報のつながりだと思えばいいでしょう。

　たとえば、誕生パーティのことを考えると、「バースデーケーキ」「飾りつけ」「プレゼント」「風船」などが頭に浮かぶでしょう。これがあなたの「誕生パーティ」のクモの巣、すなわち似通った情報をつなぐ"神経細胞ネットワーク"なのです。これは「スキーマ」とも呼ばれています。

　気分がよくて、自信に満ちあふれ、周りに支えられていて、健康だと感じているときに、これから起きる困難な状況にも**脳の中の幸福で自信に満ちた"神経細胞ネットワーク（クモの巣）"を使って考えることができます。**

　でも悲しみ、挫折感、絶望感、敗北感を抱いているときは、すべてのクモの巣のネットワークが起動してしまいます。"悲しいクモの巣"が"ハッピーなクモの巣"とつながることは、あまりありません。"悲しいクモの巣"の中に閉じ込められてしまって、脳はそのクモの巣を手離すことができなくなってしまいます。

やってみよう！

　つらい状況にいるとき、脳に自信に満ちた"ハッピーなクモの巣"のことを思い出させるもっともよい方法は、自分への手紙を書くことです。幸福で自信に満ちたときの自分から、一番苦しいときに顔を出す自分にあてた手紙です。もっとも大変なときに自分への手紙を読み直してみると、行き詰まったときでも"ハッピーなクモの巣"にアクセスする助けになります。

■ 自分にあてた手紙（ヒカリさんの例）

　ヒカリ、また大変なことになっちゃったね。なにもかもがひっくり返って、どうしていいかわからなくなったよね。でも、心配ないよ。前にも同じことがあったし。そりゃ、大変だよね。なにをしたらいいのかわからなくて行き詰まっちゃったよね。どんな気持ちだったかよく覚えてるよ。でも、そんなときでも切り抜けられたじゃない？　いろんな気持ちや感情をどう処理したらいいかわからなくなったときでも、乗り越えることができたよ。そうして人生がまた好転したよね。約束するよ！　「今は絶対無理！」と思うのは、ネガティブなクモの巣につかまっているから。でも、ヒカリの脳にはポジティブな考えもちゃんとあるよ。今はちょっと探しにくいかもしれないけど。だいじょうぶ！　きっと切り抜けられるよ！

　友だちもいるよ。助けを求めれば、ヒカリのことが好きで側にいてくれる人たちがいるんだよ。"だれも気にもかけてくれないし、助けてもくれないぞ"と脳が言っても気にすることはないよ。なにが必要なのか、どう助けてほしいのかを伝えれば助けてもらえる。前も助けてくれたよね。きっと、今度も助けに来てくれる。その人たちだって完ぺきではないし、すべてを解決してくれるわけでもないけど、みんないい人たちだよ。ヒカリのことを大切に思ってくれていることを忘れないで！

　挫折しそうになったら深呼吸だよ！　くじけそうになってもいいんだよ。自分は完ぺきでなくてもいいんだ。余裕をもとう。食べたり、眠ったり、散歩したり……こんなシンプルなことも忘れないで！

　自分を大切にしよう。ヒカリは、強いんだ。つらいときには、もう二度と微笑んだり、大声で笑ったりできないと思うかもしれないけど、今までだって笑ったり、人を好きになったりして、たくさん楽しんできたよ。私はあなたを応援するよ。一緒に乗り越えよう。絶対できる。深呼吸して、ゆっくり。そう、もう一度深呼吸しよう。

自分に手紙を書いて、スマホやメモ帳に保存しておく

　さあ、あなたも手紙を書いてみましょう。どう書けば役に立つでしょうか？　書いたら携帯で写真を撮って、いつでも取り出せるようにしておきましょう。メールやメモに保存しておいてもいいでしょう。いつでも探し出せるところがいいですね。

　うまく書けなかったり、どう書いたらいいかわからなかったら、あなたを助けてくれた親しい友だちや家族や先生なら、どんなことを言うか考えてみましょう。前向きなモチベーションになるようなアイデアをネットで検索してもいいでしょう。自分に話しかけているところを動画で撮影して、必要なときに見るという方法もいいでしょう。

もっと やってみよう！

　　自分を励ます言葉をいくつか選んでおくのもいいですね。言葉でも短い文章でもいいのです。歌詞や本から引用したり、自分でつくったフレーズでもいいでしょう。つらいときを乗り切るために、自分を励ます言葉をアクセサリーやTシャツなどに書いて身につけておくのもいいでしょう。以下のような励ましの言葉がよく聞かれます。

■ 自分への励ましの言葉

> この心の痛みは一時的なことだ

> 自分は、思っているより強いんだ。きっとできるよ

> 深呼吸して、前進し続けよう。一歩ずつ前に進もう

> 不快だけど、だいじょうぶ。つらいけど、死ぬわけじゃないよ

> 苦しみは一時的なもの。自分は強いんだ。この体験でさらに強くなれるんだ

自分を励ます言葉は、いつでも見られるようにしておこう！

　　あなたも自分を激励する言葉を書いてみましょう。きれいに清書したり、色を塗ったりしてもいいし、シンプルに書くだけでもいいのです。あなたの役に立てば、なんでもOKです。いつも近くにおいておけるように、携帯に書き込んだり、写真に撮って保存したり、お財布やバッグに入れておいてもいいでしょう。自分への手紙にも激励の言葉を入れられますね。

弱さをさらけ出す勇気
──自分自身でいる強さを見つける

さあ、はじめよう！

　現代社会では、ネットやSNS、公共の場、友だち関係など他者とつながる時に「最高の自分」であろうとするために強いプレッシャーがかかります。すると、「失敗した……」という考えはかなり侮辱的なものになります。失敗すると、人に批判されたり、見下されたり、笑われたりするかもしれません。それを乗り越えるのはとてもつらいので、夢を追いかけるより安全地帯に留まっていた方がいいと思うようになってしまうかもしれません。

　今まで安全な道を選んできた人は、人生の無秩序に正面から立ち向かうと傷つくのではないかと恐れるでしょう。ですが、人に見られたり判断されたりするのを受け止めることが、自分の脆さをさらけ出す勇気になるのです。覚えておきたいことは、他人からの批判は、あなたへの批判というよりは、むしろその人自身についての批判であることが多いということです。

　私の好きなヒューストン大学ソーシャルワーク大学院の研究者ブレネー・ブラウンは、1910年に当時のアメリカ大統領ルーズベルトがおこなったすばらしい演説をよく引用しています。

　批評家など関係ない。強い男のつまずきを指摘したり、優秀な人ならもっとうまくできたのではと批判する人など、どうでもいいのだ。実際にアリーナに立つ人こそが賞賛に値する。顔はほこりと汗と血にまみれ、果敢に立ち向かい、何度も失敗をくり返す、そんな人だ。どんな努力にもまちがいや失敗がある。しかし、成し遂げようと挑み、大きな熱意と献身によって、有意義な目的のために自らを投じる人。最後に勝利を手にすることを信じ、最悪それが失敗に終わったとしても、少なくとも勇敢な努力の結果であるのなら、彼と、勝利も敗北も知ることのない冷たく臆病な魂などを決して一緒にしてはならない（アメリカ大統領セオドア・ルーズベルトの「競技場に立つ者」）。

　たしかに、人は批判したり、笑ったりするかもしれません。でもこうした周囲の反応は、自己防衛であることが多いのです。恐いと思ったり、傷つきたくないと思ったりすると、こうした自己防衛によって相手を攻撃することがあります。

　あなたの中には、努力したりつまずいたり、倒れたり失敗したりしても、乗り越えて再び挑戦する強さと力があります。その力を発揮するには、まず"傷つくかもしれない"という恐れを受け入れることを学ばなければなりません。これは、人生でもっともむずかしいことの1つです。さあ、"傷つくかもしれない"という恐れを受け入れることに、慣れていきましょう。

やってみよう！

　だれにでも、長所や得意なこと、誇りに思っていることなど、周りの人からも見えやすい面があります。でも、自信がもてないことや慣れていないこともあって、そんな一面は人に見せたくないと思います。それは傷つくことを恐れるからです。こういう弱点を人に批判されると、とくに傷つきます。でも、あなたが立ち向かったことを批判する権限など、だれにもないということを忘れないでください。

① 外に見せている「外側」の自分

　次のページのお面の下に、「公開している面」の説明を書きましょう。ふだん、どのような姿を人に見せていますか？　それについて、あなたはどのように感じますか？　お面には色や絵や言葉を加えてもいいし、ネットや雑誌で見つけた顔を貼りつけてもいいでしょう。あるときの自分の写真が「公開している面」を表していると思ったら、その写真を貼ってもいいですね。スペースがもっと必要なら、別の紙に大きなお面を描いて色をつけてもいいですね！

② 慎重に守っている「内側」の自分

　続いて、ふだん、あなたが世間に見せず、「公開している面」の後ろや裏の部分である「内側」の自分の説明を書きましょう。いつもは周囲に見せないのはどんな部分ですか？　なぜあなたは見せないのでしょう？　そして、どのように感じますか？　このお面にも、色や絵や言葉を加えてもいいし、ネットや雑誌で見つけた顔を貼りつけてみましょう。

① 「外側」の自分

② 「内側」の自分

● 自分の２つの「お面」をつくってみて、どんなことがわかりましたか？

....

....

....

● １つのお面ともう１つのお面が表裏になっていて、くるりと回して向きを変えられると想像
してみましょう。もし「公開している面」をくるりと回して「内側」の自分で１日を過ごすと
するならば、どんなことが起きると思いますか？　周囲の人があなたの「外側」ではなく「内側」
を見たらどうなるでしょう？

....

....

....

● 自分の「内側」を見せて１日を過ごしたら、どんな最悪のことが起きると思いますか？

....

....

● 実際にそんなことが起きたら、どう対処しますか？　乗り越えるためにどうすればいいでしょ
うか？

....

....

....

●逆に、どんなすばらしいことが起きると思いますか？

....

....

●死ぬまで、だれにも「内側」の自分を見せずに生きていくと、どうなると思いますか？

....

....

●「内側」の自分をだれにも絶対に見せずにいると、なにを得ると思いますか？

....

....

....

●「内側」の自分をだれにも絶対に見せずにいると、なにを失うと思いますか？

....

....

....

●ここまでのことをふまえて、どんな人生を送りたいと思いますか？　本当の自分を周囲に受け入れてほしいですか？　そう思うのなら、どうすればいいでしょうか？

....

....

....

....

冒険してみる

さあ、はじめよう！

　傷つくことや失敗を恐れると、ネガティブな気持ちを締め出したり、人生の目的を忘れようとすることがあります。しかし問題は、ネガティブな感情を締め出すと、前向きな感情も締め出されてしまうかもしれないということです。次のネガティブに支配されたシナリオ1と、克服できたシナリオ2を見てみましょう。

シナリオ1

　Aさんは、クラスメイトのBさんのことが大好きです。

　長い間友だちでいましたが、最近は彼女のことを友だち以上に思い始めました。

　デートに誘おうと思いましたが、断られたり、興味をもってもらえなかったら、と思うとこわくなりました。

　Aさんは、拒絶されたり、自分が傷ついたりするのを避けて、気持ちを打ち明けることも、デートに誘うこともしませんでした。

　すると、Bさんは、Aさんは自分のことを友だちとしか思っていないのだと考えて、別の人とつき合い始めました。

　Aさんは、2人の交際をただ眺めるだけになりました。

シナリオ2

　Aさんは、Bさんをデートに誘いたいと思いましたが、どんな返事がくるかまったくわかりません。

　断られるのがこわいし、笑われてしまうのではないかと恐れました。

　そんなの耐えられません！

　でも、笑うような相手なら、そもそもつき合う対象にはならないし、断られてもいいじゃないかと考え直しました。

　それに彼女を誘って断られても、少なくとも自分は努力したわけだから、彼女がほかの人とつき合い出しても後悔することはないだろうと考えました。

　それに誘ってみなければ、どんな返事をもらえるかわかりません。

　こわいし気後れするけれど、やってみる価値があると思いました。結果がどうであれ、誘ってみる価値はあります。

やってみよう！

●あなたにとって、大切な物事はなんですか？ 「友情」「恋愛」「仕事」「達成感」「スポーツ」「夢」「目標」、あるいは「志望校に受かりたい」「人生でなにか特別なものを得たい」ということでしょうか。

....
....
....

●すごく夢中になっているけれど、うまくいかないかもと恐れている物事はなんでしょう？また別の紙を用意して、そのことで一番恐れていることを書きましょう（たとえば、「友だちと遊んでいる時間は楽しいけれど、友だちに恋人ができてしまったら自分はひとりぼっち──〈別の紙〉自分のことはだれも好きになってくれない）。

....
....
....

●次に、その紙の裏に、その恐れとは真逆のことを書きましょう（たとえば、「きっとだれかを好きになって幸せになれるよ。ありのままの自分を受け入れて愛してくれる人と一緒に人生を送れるんだ」）。

●今度は、また紙を表に返して書いたことを読みましょう。一番恐れていることは、見るのもいやになりますね。

さて、今日もし人生でたった一度だけ、私がその紙に魔法の粉をかけてあなたが破って捨てれば、その恐怖が二度と襲ってこなくなるとしたら、どうでしょう？　もう決してこわい思いをすることはなくなります。魔法の粉でパッとなくなるのです。まさにラッキーチャンス！あんな恐怖が頭から完全に消え去ってくれれば、もう安心できますよね！

　でも、ちょっと待ってください！　魔法の粉をかけると、その紙に書かれたことがすべて消えてしまいます。あなたの恐れもなくなるけれど、その裏に書いた大切なものは、どうなるのでしょう？

　あなたの夢……それも一緒にあきらめなくてはならなくなりますね。

　恐怖感をなくすために紙を捨ててしまえば、紙に書いた夢もあきらめることになってしまいます。夢を捨ててしまったら、二度とその夢をもつことはできません。

●それでもその紙を捨てて、恐れと夢の両方をなくしてもよいと思いますか？

□ はい　　　　□ いいえ

うまくいかなくても、努力することが大切

　私はこの質問を数百人にしてきました。でも今のところ、魔法の粉をかけた紙を破り捨てようという人はいません。はじめは破ろうと思っても、同時に夢もあきらめることになるという現実に思い当たれば、だれもが紙は破らずにとっておこうと思うのでしょう。

　なぜなら、少しの恐れ（たとえたくさんの恐れでも）は、人生であなたが本当に求めているものを手にするための小さな代償にすぎないからです。たとえうまくいかなくても、努力してみるだけでもいいのです。そして、成功できなければ、また努力を続けようとすることです。だって、それがどれほど大切なのか、あなたにはわかっていますから。

　俳優のジム・キャリーはこう言っています。「**やりたくないことをしていても、失敗することはある。だったら、本当に好きなことのために冒険しようじゃないか**」

もっと やってみよう！

　"傷ついてもいい"と勇気を出して一生懸命に努力したのに、拒絶されたり失敗したとき、どう乗り越えればよいかについて考えていきましょう。

　だれにでも困難や落胆、失敗や拒絶は起きるものです。そう見えない人にでも、必ずあります。本当です。あなたが憧れる人やお手本にしたい人のことを考えてみてください。尊敬する人を何人か選んで、その人たちの物語を深く読んでみましょう。

●歌手、俳優、アイドル、作家、スポーツ選手、きっとどの人にも逆境を乗り越えた感動的な物語があるはずです。有名ではない人にもあります。あなたが注目した人の物語でわかったことと感想をここに書きましょう。あなたが逆境に直面したとき、こうした人たちの物語を思い出しましょう。

....

....

....

....

●次に、あなたの尊敬する人、大切な人、憧れる人に尋ねてみましょう。はじめは拒絶されて腹が立ったけど、最終的にはうまくいったという経験がありませんでしたか？　その人の話を書いて、自分の感想も書きましょう。その経験からなにを学んだか、それが今の人生にどうプラスになったか、あるいは人生をどう変えたかも聞いてみましょう。

....

....

....

....

●こうした話から、人生における「拒絶」「苦難」「失敗」「困難」について、どんなことを学びましたか？　拒絶されたり、はじめは失敗したり、なにかつらいことがあったときに、自分に向かってどう言いたいですか？　自分へのメッセージをここに書きましょう。

自己主張で自分を守る

さあ、はじめよう！

　自分の気持ちが前に進まないと感じる大きな理由の1つは、人の反応を恐れたり、こわいことや傷つくことを言われるのではないかと思うことです。だれかに腹を立てられたり、笑われたり、挑戦して傷つけられるのがとてもこわい、こんなことを頭の中で想像して身動きがとれないのかもしれません。人生で学んだり、成長したりしようとするときに、他人になにを言われるかと恐れていると、新しいことに挑戦したりしくじったり、失敗や混乱を受け入れたりすることができなくなってしまいます。でも、よい解決法があります！

　この練習では、まず人にどんなことを言われたり、思われたりするのが心配なのかを考えましょう（Padesky, 1997）。こわいと思うことにどう答えればいいか、想像してみましょう。声に出して言わないようなことでも、それを言っている自分を頭の中に入れておけば、必要になったときにはすぐに取り出すことができます。

　これを「アサーティブ（自己主張的）な自己防衛」といいます。相手に「攻撃し返す」ことではありません。**覚えてほしいことは、他者からの失礼でいじわるなコメントや、役に立たない不必要な批判をかわすことが必要です。ふんわりと"アサーティブ"にかわすことができれば、自分自身の強さと価値を守ることができます。**相手を攻撃する自由がある、ということではありません。攻撃し返せば、不毛な連鎖の輪にはまってしまいます。

例を見てみましょう。あなたはBです。あなたは、Aさんにネガティブなことを言われるのではないかと心配しています。あなたは今、クラスメイトの前で発表をしたところです。

Aさん
> 最低だな、B。すごくみっともなかったよ。
> ぎくしゃくしてたし。練習してきたの？

B（あなた）
> A、あなたがそう思うのは残念。でも私はベストを尽くしたよ。
> 発表がうまくなるように練習している最中なの。だれでもはじめは、うまくできないものよ。
> 今日の発表も、ここまで進歩できたことも、私は誇りに思ってる。
> 完ぺきではなかったかもしれないけど、ベストを尽くしたし、思い切ってできたからすごくうれしい。

Aさん
> やれやれ！　まるで赤ん坊だな。ただ意見を言っただけじゃないか。Bがしっかりしているのなら、少しぐらい批判されても平気なはずだよ。そんなことで、わめかなくてもいいじゃないか！

B（あなた）
> ご心配ありがとう。
> でもベストを尽くしたことは自分でちゃんとわかっているから、それでいいの。

このAさんとあなたの会話のパターンがわかりますか？　あなたは、Aさんの言ったことにはほとんど注意を向けずに、自分自身に集中しています。Aさんと言葉でやりあうことなく、自分の強さ、意図、目標に焦点をあてることで、Aさんを批判することも、会話を長引かせることもありません（この会話はどのみち不毛なものです）。争いを避けると同時に自分の強さ、意図、目標を主張している "アサーティブ" な対応です。

やってみよう！

　自己主張的な防衛を考えてみましょう。不安で"失敗したらどうしよう"と、思っていることについて考えてみましょう。失敗やしくじりは、学習の一端だということを忘れないことが重要です。赤ちゃんのとき、歩くことを覚えるためには失敗（そして転倒）しなくてはならなかったでしょう？　トライすることをあきらめてしまっていたら、今のあなたはいません！　新しいことや上達したいことのはじめは、なんでも不完全なもの――それこそが、学ぶこと、成長することの証しなのですから！

●新しいことにトライして、失敗したりしくじったりしたら、人からどんなことを言われると心配になりますか？

　...

　...

●自己主張的に自己防衛するために、どんなことを言えばよいでしょう？
　（アドバイス：相手ではなくて、自分のことに焦点をあてましょう）

　...

　...

●もっと書いてみましょう。ズバリ心配なことと、相手にどう言い返せばよいか書きましょう。行き詰まったり、どう言ったらよいかわからなくなったら、賢い家族や先生ならどう言うか尋ねて参考にしましょう。あるいは、友だちなら、自己主張的に防衛するためにどんなことを言うでしょうか？　想像してみましょう。

　...

　...

　...

　...

　相手の言っていることが全部自分のことだと思い込んでしまうことはありませんか？　たとえ相手が直接あなたのことを言っているとしても、それはすべてあなたにあてはまることなのでしょうか？　相手の言うことをそのままうのみにしないことも自己主張的な防衛をするときに重要なことです。

　相手の言うことの中には、言葉とは別の問題が含まれていることがよくあるのです。たとえば、親があなたに厳しくしたり、批判したりするときは、親も自分自身の人生を人に批判されることを恐れているのかもしれません。あなたや親が、「完ぺきでない」ことで人に批判されないようにしているのかもしれません。あるいは、友だちがあなたにきついことを言うのは、あなたの服装や様子が気になるからなのかもしれません。先生が批判的になるのは、あなたが若いころの先生自身を思い起こさせるので、無意識にあなたの中に自分を見ているのかもしれません。人に厳しく批判されたとしても、たいていの場合、あなたよりも非難するその人自身に問題があるのです。

　人が背負っているものを理解するために、次の象徴的なお話を読んでみましょう。

　あなたは、砂漠の真ん中の美しいオアシスでジュースを飲みながら、砂漠の向こうに広がる景色をながめてくつろいでいます。すると、遠い砂丘の向こうから1人の男が大きな「箱」を抱えて、こちらへ歩いてくるのが見えました。砂に足をとられながら、やってきます。それを見たあなたは、彼の話を聞きたいと思い、急いでジュースを飲むと、男を迎えに行きました。

　オアシスの入り口でその男と出会ったあなたは、荷物を運ぶのを手伝おうかと言いました。男は重い「箱」から解放されたことを感謝しながら、あなたの後ろをついてきて、あなたがすすめた井戸水を飲みました。テーブルにつくと、男はここまで体験した試練や苦難を話し出しました。「箱」は2人の間に置かれています。男は、水を何杯か飲んだあと、もう出発すると言いました。男は「助かった」と心からお礼を言いました。2人は椅子から立ち上がって、別れを告げました。

別れるとき、あなたはどんな行動をしますか？

❶「箱」はテーブルの上に置かれています。男は「箱」を見ながら、またこの「箱」をかつがなくてはならないのか、とうんざりしている様子です。それを見ていると、"代わりに「箱」を引き受けようか"と言いたい気持ちにもなります。男があの「箱」をまたかつぐのかと思うだけで、あなたの心は痛みます。

　もしこの心の声にしたがって、あなたが「箱」を引き受け、男が「箱」から解放されたとしても、その「箱」は魔法のようにすぐに2個になってしまうのです。あなたの腕の中に1つ、立ち去った男にも、もう1つの「箱」が出現するのです。2人とも同じ「箱」をもつことになってしまいます。どうしたらいいのか悩んだあなたは、「箱」をこじ開けようとしますが、「箱」を開けて中を見ることができません。
　それではこんなとき、どうすればいいのでしょうか？

❷ 男が別れを告げたとき、男がまた「箱」をかつぐ姿を見て、あなたの心は痛みます。でも心のどこかで、この「箱」が男にとってとても大切なものだということを理解しています。男は砂漠を渡る旅の途中で、この「箱」を置き去ることができたはずです。男は、この「箱」を運ばなくてはならないのです。その理由はわからないけれど、「箱」を持ち続けることが男の判断であることにも気づきます。いつ「箱」を開けて中身を処分して軽くするか、どこかに置き去りにするか、男自身が決めることなのです。

　あなたが「箱」を引き受けることは、男にとっては不幸を招くかもしれません。男を招いて「箱」の話を聞いたり、少しの間だけ解決の手助けをすることはできますが、彼と別れるときには、「箱」は彼のものなのです。あなたが代わって「箱」を引き受けたり、処理したりすることはできません。

あなたが、他人の「箱（＝課題や問題）」を引き受けることはできない

　この話の「箱」が、だれもがかついでいる"問題や未解決なことがら"だということに気づきましたか？他人の課題や問題は、引き受けることはできません。他人の「箱」はあなたのものではないので、引き受けてはいけないのです。「箱」の中身（課題や問題）の処理ができるのは、本人だけです。ときどき、「箱」を引き受けてほしいと言う人がいるかもしれません。きらいな「箱」を投げつけてくる人がいるかもしれません。それでもあなたは、その人のために引き受けてはいけません。「自分のものとは？」「自分のものでないものとは、いったいなんだろう？」と自問しなくてはならないのです。

●家族や友だちが運んでいるのは、どんな「箱」なのでしょう？

....

....

....

●本当は自分の「箱」ではないのに、どこかで受け取ってしまったのはどんな「箱」でしたか？

....

....

....

●その「箱」を手ばなしたり、元の持ち主に返したらどうなるでしょう？

....

....

....

●自分のものではない「箱」を手ばなしたら、どんなひどいことが起きるのでしょうか？

....

....

....

●自分のものではない「箱」を手ばなしたら、どんなよいことが起きるのでしょうか？

....

....

....

●自分のものではない「箱」を引き受けないことは、どうして大事だと思いますか？

....

....

....

●人に失敗したと思われないかと不安になる気持ちに立ち向かうために、自分のものではない「箱」は引き受けないという考え方をどう利用すればよいのでしょうか？

....

....

....

自分の「箱」はどんなものなのかを知ろう！

　境界線を引くことは、レジリエンス（回復する力）につながります。それはだれの「箱」なのか、自分のものはどれなのか、自分のものでないのはどれなのか、を知ることです。あなたの人生のすべての局面で、この「箱」の意味を忘れないでください。

ゴール **4**

バランスの取れた
見方をする

セルフケアを心得る

さあ、はじめよう！

　レジリエンス（立ち直り、苦難に耐え、回復する能力）を身につけるには、たくさんのスキルがあります。その中でも、身につけることがもっともむずかしいスキルの1つは、「セルフケア」です。人生は常に、「もっと進め」「どんどん進め」というプレッシャーの連続で、クタクタになってもあなたをプッシュし続けます。

　すると、精神的に落ち込んだり、病気やケガになったりするかもしれません。また、つらいときにも「強くなくてはいけない」「感情を見せるべきではない」というプレッシャーで、自分を追い込んだり、さらに無理を重ねることがあります。

　「そうすべきだ」というシナリオとは、さようならしましょう。 そんなシナリオは役に立たないのです！　どんなときでも、「セルフケア」が必要で、状況が悪くなればなるほど、さらに「セルフケア」が重要性を増します。

　では、「セルフケア」ってなんでしょうか？　「セルフケア」と「気をそらしたり、プレッシャーを避けたりすること」とはどこがちがうのでしょうか？

　SNSで健康やメンタルヘルスのサイトを見ていると、評判のよい「セルフケア」の記事が紹介されています。バブルバスに入ったり、本を読んだり、音楽を聴いたり、ヨガをしたり、ジムに行ったり、また塗り絵や映画鑑賞、自然の中の散歩、そのほかあなたが好きなことなら、どれもセルフケアとしてよい方法かもしれません。

　でも、「セルフケアをおこなったあとの気持ちにも注目する」ことをアドバイスしているサイトはあまり見られません。セルフケアのあとは気分がよくなって、活力が増したと思いますか？それとも、ヘトヘトに疲れて不安感が大きくなったり、勉強や仕事にもどるのがつらくなったりしませんか？

　「セルフケア」とは、自分を甘やかしたり、楽しいことやおもしろいこと、ぜいたくなことをするばかりではありません。食べたり、眠ったり、身ぎれいにしたり、家の手伝いをしたり、運動をしたりといった"生活の基本をしっかりおこなうこと"も「セルフケア」です。 取り入れるべきセルフケアと、そうでないセルフケアを知ることが必要です。

やってみよう！

　やることが多すぎたり、大変なことが起きたり、元気が出なかったり、必要なものが足りないと思ったら、92 ～ 93 ページで紹介するセルフケアの中からいくつか試してみましょう。そして次のことを書いてください。

●セルフケアのあと、やる前と比べて気分がどのように変わったかを書き込みましょう。こうすれば、どのセルフケアが活力を与えてくれるかがわかります。一時的な気晴らしではなく、長期的に気分をよくするセルフケアを知りましょう。

●それぞれのセルフケアをどのくらいの時間おこないましたか？

....

●1日のどの時間にするのがもっとも効果的でしたか？

....

●1人でやりましたか？　それとも、だれかと一緒にやりましたか？

....

●ほかにもセルフケアをやって気づいたことを書きましょう。

....

セルフケアの項目	セルフケアをしたあとの気分 (よくなった、悪くなった、同じなど)	気分の変化を具体的に
散歩する		
ペットと遊ぶ		
だれかにハグをしてもらう		
日記を書く		
本を読む		
少しの間ゲームをする		
瞑想する		
ヨガやスポーツをする		
料理やスイーツをつくる		
シャワーやお風呂に入る		
昼寝をする		
やることリストから1つやる		

セルフケアの項目	セルフケアをしたあとの気分 （よくなった、悪くなった、同じなど）	気分の変化を具体的に
友だちと遊ぶ計画を立てる		
「これ以上無理」と思ったら、断る		
だれかに助けてもらう		
メンタルヘルスの専門家などに電話やチャットをする		
おもしろい動画を見る		
ろうそくに火をともす		
整理や掃除をする		
計画表をつくる		
やることリストをつくって、優先順位をつける		
歌ったり楽器を演奏したりする		
クッションをたたいたり、顔をうずめて叫んだりしてエネルギーを発散させる		
ボクシングや武術を習う		

ほかに、あなたの思いついたセルフケアを実践してみましょう！

セルフケアの項目	セルフケアをしたあとの気分 （よくなった、悪くなった、同じなど）	気分の変化を具体的に

　さらに、あなたのセルフケアに加えたいのは、気分がすぐれないときや活力がなくなってきたなと感じたときに「頼れる人たち」を書き出しておくことです。私たちは毎日いろいろなタイプの人とかかわっています。いろいろな人が手をさしのべてくれています。

　あなたの日常にかかわっている人たちの中に、頼れる人はいますか？　家族や友だち、先生、お医者さん、アニメの主人公（キャラクター）かもしれません。あるいは、あなた自身かもしれません。思いつく限りの人たちを書いてもいいし、1人だけでもいいのです。

　次の質問に対して、自分の考えを下に書いてみましょう。もしだれかに少し助けてほしいと思ったときは、このページを開いてください。

●明るい気持ちになれるよう助けてくれるのは、だれですか？　おもしろい人や前向きな人、ジョークがうまい人などはいますか？

....

....

....

....

....

●助言をしてくれる人は、だれですか？　批判したり無理強いしたりしないで、賢い指導やしっかりした助言を与えてくれる人はだれでしょう？

....

....

....

....

....

●あなたに気持ちを話す機会を与えてくれるのは、だれですか？ 「悲しいときは悲しい気持ちでいいんだ」「腹が立っているときは怒ってもいいんだ」と認めてくれる人、あなたの感情をすんなり受け止めてくれるのはだれですか？

....
....
....

●個人的な問題や悩みを相談できるのは、だれですか？ 信頼できる人、秘密にしてほしいと言ったら、あなたの問題やあなたと話したことを言いふらさない人はだれですか？

....
....
....

●あなたを励ましてくれる人は、だれですか？ 視点を変えてくれる人、言葉や行動で励ましてくれる人、生き方が参考になる人はだれですか？

....
....
....

●元気がないときに、遊んだりしゃべったりできる相手は、だれですか？ 元気づけてくれて、もっと活発にいろいろなことができるように励ましたり、気分を上げてくれる人はだれですか？

....
....
....

●一緒に遊んだり話をすると、陽気でいい気分になれる人は、だれですか？　あなたをいい気分にしてくれるのはだれですか？

●必要なときに頼れる人がいれば、その人の名前とあなたとの関係を書きましょう。

●頼れる人がもっとほしいと思ったら、どこに行けば出会えるでしょうか？　友情や健全な人間関係をつくれる場所がおすすめです。ボランティア活動や、学校のクラブや団体、友だちの友だちを通して得られるかもしれませんし、新しいアルバイトや旅行がきっかけになるかもしれません。今の友だち関係をさらにレベルアップするのもいいかもしれません。また、カウンセラーやネットの情報、地域社会で探してもいいでしょう。頼れる人と出会う方法を書き出してみましょう。

トレーニング 14 マインドフルネスで今に集中する

さあ、はじめよう！

　カウンセリングの世界では、「うつは過去の中、不安は将来の中、平穏は今の中にある」とよく言われます。単純化しすぎかもしれませんが、あなたの気分を悪い方へと追いやる「考えのワナ」の正体をうまく説明していると思います。いつまでも過去や変えられないこと、自分にはコントロールできないことを心配していると、気分が落ち込みます。私たちは、"今を生きる"ということを忘れがちです。"今を生きる"ということは、むずかしいスキルです。動物や小さい子どもは"今を生きる"ことが得意ですが、年齢を重ねるにつれてむずかしくなっていきます。

　マインドフルネスのアクティビティを試してみましょう。
　マインドフルになることは、今この瞬間に自分がしていることに100%（あるいは、できるだけ多く）注意を向けることです。 マインドフルネスは、座って呼吸や思考に集中する瞑想とは少しちがいます。マインドフルネスは、過去や将来のことではなく、今現在していることと自分をつないで、「今」に集中することです。
　もっともよい方法は、五感を使うことです。五感はいつも「今」なのです。五感はあなたを今に引き戻し、今あなたがしていることとあなたをつないで、頭の中の過去と将来からあなたを解放してくれます。
　マインドフルネスは、ストレスを感じているときに気持ちを集中させるのに役立ちます。 むずかしいことをしているときに、失敗の原因を想像したり、人にどう思われるだろうかと考えていると、集中できなくなって、うまくいかないものです。でも、「今」に気持ちをとどめることができれば、ストレスがあるときでも集中できるようになります。

やってみよう！

　五感を使いながら（使い方のポイントは下の **Ａ**〜**Ｄ** または **Ｅ** を参照）、あなたをマインドフルにする練習をしてみましょう。

1. 呼吸する

　座っているときでも、作業をしているときでも、困惑した気持ちのときでも、マインドフルになる呼吸をすることができます。4秒方式で呼吸してみましょう。4秒で息を吸い込み、4秒息を止め、4秒で吐き出し、また4秒息を止めます。また、吸うより吐く方を長くしてみましょう。たとえば、3秒で息を吸ったら、5秒で吐き出します。もっと長く吐き出せるかも試してみましょう。

Ａ 触る：息をしながら肺が膨らんだりへこんだりするのに気づきましょう。息が鼻から口へ入るのを感じましょう。温度や体の感覚、心臓の鼓動に気づきましょう。呼吸をしながら体の緊張しているところをリラックスさせましょう。

Ｂ 見る：目の前の1点に焦点を合わせましょう。呼吸しながら、その焦点の大きさ、質感、形、影、色などに気づきましょう。

Ｃ 聴く：肺に入ったり出たりする息の音に耳を傾けましょう。

Ｄ 嗅ぐ：集中できるように、匂いに気持ちを向けたり、アロマキャンドルを灯したりしましょう。

2. 歩く

　散歩しましょう。天気がよければ外へ、悪ければ建物の中（廊下を歩くのでもいいでしょう）を歩きましょう。自然の中を歩くのがベストです。

Ａ 触る：地面に足が着くとどんな感じがしますか？　歩きながら、体の重心が移動したり、筋肉が張ったりゆるんだり、体がどう動いているかに気づきましょう。呼吸にも注意を向けて、吸ったり吐いたりする動作に集中しましょう。

Ｂ 見る：歩きながら見えるものはなんですか？　影、質感、色の濃淡、形などに気づきましょう。いつも歩く場所なら、ふだんは見過ごしているものはなんでしょう？　はじめて歩く場所なら、おもしろいと思ったことをメモしてみましょう。

C 聴く：床や地面に足がつくと、どんな音がしますか？　ほかにもどんな音が聴こえますか？　立ち止まって音に気づき、また歩き始めて、じっと立っているときとどうちがうかに気づきましょう。

D 嗅ぐ：周囲の空気を深く吸い込みましょう。外の新鮮な空気が、家や建物の中の匂いとどうちがうか気づきましょう。

E 味わう：散歩にコーヒーや水をもって行きますか？　飲んだり食べたりしながら歩くのなら、味に注意を向けましょう。屋外なら新鮮な空気の味に気づきましょう。

マインドフルネスで脳を解放してみよう！

　いつでもマインドフルになれますよ。思考をゆるめて、「今」の瞬間に集中してみましょう。将来や過去の考え、心配、しなくてはならないという義務感から脳を解放しましょう。練習すれば、もっと簡単にできます。練習を続けると、ストレスが大きくなったときでも簡単に脳を解放できるようになります。集中する時間を伸ばして、頭がほかのことを考え始めても批判しないで、思考をそっと方向転換してみましょう。

もっと やってみよう！

　プレッシャーを感じているときでも、マインドフルネスを使って集中することができます。その理由の 1 つは、感情をコントロールできるからです。不安の波が大きくなるのを阻止したり、気分が下向きの渦に巻き込まれていくのを止めたりする能力を、セラピーでは「感情コントロール」と呼びます。また、爆発したり、後悔することを言ったり、怒りが噴き出す前に静める能力も「感情コントロール」です。

　ある考えに固執したり、気分や感情の渦に巻き込まれたりしたときにマインドフルネスを使えば、脳から体へと注意を移すことができます。

●動転したり、不安になったり、怒ったりしても、好ましくない行動や反応へとエスカレートしなかったときのことを思い出して、下の空欄にいくつか書きましょう。
　気持ちを静めて感情をコントロールできたのはなぜなのか、成功した理由を書きましょう。

動転したり、不安になったり、腹が立ったりしたとき	気持ちを静めて感情をコントロールできた理由

●次の質問に答えましょう。

❶ 感情を静められなかったら、どんなことが起きたと思いますか？

....

....

❷ 気持ちを静める方法を使って、どんな感情（怒り、疎外感、あきらめなど、自分によく起きる反応）をコントロールしたり、軽減したりしたいと思いますか？

....

....

❸ これからつらいことが起きたときに試したいと思う方法は、どんな方法ですか？

....

....

好ましくない感情のコントロールも、練習すれば上達する！

　好ましくない感情をうまくコントロールする方法をいくつか覚えたら、もっと練習して上達させていきましょう。そして、今に集中する練習をしましょう。静かな呼吸法の練習は、怒っていないときでも練習できますよ。

　練習を重ねれば、必要なときにすぐに活用できます。人生で一番動転しているとき、きっとあなたを救ってくれるでしょう。

価値観──自分にとって 大切なことを思い出す

さあ、はじめよう！

　ストレスを感じる状況を切り抜けることは、簡単ではありません！　たくさんのエネルギーが必要で、前向きに行動することを自分に言い聞かせなくてはなりません。正直に言えば、かなり不快だし、イラつくし、挫折しそうになることもあります。

　目標に向かって歩み続け、一番つらいときをも切り抜けるためのベストな方法の１つは、自分にとってなにが一番大事なのかを思い出すことです。次の例を見てみましょう。

■警察官になったナオミさん

　ナオミさんは、警察官になりたいと思っています。警察官になるには、身体的にも精神的にもすごく大変だとわかっています。試験には身体能力のテストがあって、それに合格しないと面接が受けられません。彼女は走ったり、ウエイトリフティングやクライミングを何度も練習しました。でもテスト当日は、うまくできませんでした。最低条件をクリアできなくて、ナオミさんは途方に暮れてしまいました。

　「気にすることないよ、自分に合ってなかっただけ」とあきらめて、ほかにやりたいことを探すのは簡単なことかもしれません。

　でもナオミさんは、警察官になることがなぜ自分にとって大切なのかを思い出しました。自分には強い正義感と責任感があり、コミュニティを大切にしているし、指導力があるからです。警察官になることは、自分にとって価値のあることなのです。

　そこで、ナオミさんはもっと熱心にトレーニングをして、自分を駆り立てました。なぜなら、警察官になることを強く願ってきたからです。彼女にとって、警察官はとても重要な職業なのです。自分の価値観や人生の目標を考えたナオミさんは、はじめの不愉快な気持ちを乗り越えることができました。そして、ときにはプロのトレーナーの助けを借りてトレーニングを続けた結果、見事テストに合格しました！

●あなたにとってもっとも価値のあるものはなんですか？　大切だと思うものはたくさんある
かもしれません。あまり深く考えずに次のリストから選んでください。一つひとつの言葉を読
みながら、ずっしりとお腹に響くのはどれでしょう？　「そう、それだよ！」と感じた言葉を〇
で囲みましょう。はじめは、5〜15個くらい選びましょう。ない言葉があれば、106ページ
の最後の空欄に書き加えてください。

■あなたにとって価値あるもの

責任感	利他主義	奉仕	傷ついてもいいと勇気を出すこと
多様性	効率	つながり	スピード感
謙遜	好奇心	熱意	挑戦
安全	自立心	直観	専門性
正確さ	野望	大胆さ	遺産（先祖から受け継いだもの）
独立心	優雅さ	平等	自発性
自己実現	洞察力	喜び	愛情
達成	感受性	簡素	安定
経済的な安定	自己主張	人間関係	保全
工夫（巧妙さ）	共感	静寂	約束を守る責任
自制心	知性	優秀さ	表現力
冒険心	平静	確実性	忠誠心
成功率	バランス	正義	戦略

心の平穏	ワクワク感	注意力	コミュニティ
無私無欲	知的能力	指導力	公平さ
改善	自由	興味	勤勉さ
強力	独創的	成長	神聖
同情心	感謝	自然	信頼
信仰	協力	現実的	正直
熟達	楽しみ	伝統	慎重さ
忍耐	愛国心	環境保護	名誉
組織	徹底	決断力	抑制
競争心	確かさ	幸福	活力
長所	寛大さ	準備	美的
成功すること	完ぺき	信用	遊び心
一貫性	思慮深さ	依存性	作法
運動	礼儀	ハードワーク	ユーモア
従順さ	徳	プロフェッショナル	教育
支援	助け	真実の追求	勇気
満足	信心	決意	尊敬

開放的	タイムリー（適時性)	健康	コミュニケーション
チームワーク	創造性	用心深さ	情熱
貢献	優美さ	理解力	融通性
集中	前向き	献身性	認識力
命令	的確さ	人間性の成長	修養
節制	美しさ	社会貢献	介入
コントロール	耐久力	ユニーク	責任
義務感	目的	協同	富
親切	勇猛さ	謝意	想像力
知識	道徳	論理性	知恵
経験	控え目	精密さ	信憑性
娯楽	表現	統一性	犠牲
孤独	生産性	無事	家族
職人の技能	エンパワーメント	自発性	利益
意義	ファッション	おもてなし	_____
_____	_____	_____	_____

●自分にとって大切な言葉を選んだら、その中で気持ちが動かされた言葉を5つ選びましょう。価値があると思う順に1〜5まで並べましょう。

1. ....

2. ....

3. ....

4. ....

5. ....

●今のあなたの生活の中で、これらの価値観はどれくらい実現していますか？　満足している、あるいは支えられていると思う価値観はどれでしょう？　上の番号に○をつけましょう。

●これからの人生で、成長したい部分や実現したいと思う目標はなんですか？　それは、選んだ価値観トップ5とどのように関係していますか？

....

....

....

....

....

　この価値観のトレーニングを終える前に、もう１つ大切な質問があります。あなたにとって、人生の意味や目標はなんですか？　その答えは、もちろんあなたが選んだ価値観や目標に関係がありますね。

●遠い将来、息を引き取ろうとしているとき、人生を振り返って「○○をしてよかった、○○を経験して、○○を手に入れることができて、○○を見ることができてよかった」と思いたいのは、どんなことだと思いますか？

　こわい気持ちになってもだいじょうぶですよ。深呼吸をしましょう。長い人生ですから、ゆっくり考えて、理解していけばいいのです。このことを忘れないでください！　人生を歩むにしたがって、答えは変わっていくでしょう。それこそが素晴らしいことで、正解や不正解はありません。今のあなたの人生の意味は、“新しいことを体験して、自分に挑戦していくこと”かもしれません。“世界を旅すること”や、“人を助けてよりよい社会にすること”かもしれません。“テクノロジー、芸術、文学、スポーツなどの新しい分野で、世界に足跡を残したい”と思うかもしれません。“将来、家族をもって、自分の知識を次の世代に受け継いでいくこと”かもしれません。

....

....

....

●今のあなたにとっての人生の意味や目標を書いてみましょう。それは、大きな試練やストレスを乗り越えるための支えになると思います。

....

....

....

自分の目標をもう一度思い出してみよう！

　ストレスに耐えなくてはならないとき、自分の選んだ価値観と、なぜ自分が目標に向かって進んでいるかを思い出してみましょう。

完ぺきではないことを 楽しむ

さあ、はじめよう！

　完ぺきではないことは、価値のあることです。人間らしいことだし、人とのつながりもできやすくなります。

　「自分の人生は完ぺきではない」とちょっとユーモアを込めて認めることも、本当に価値のあることです。まちがいや不完全さが人を決めるわけではありません。少しのユーモアと自虐ネタでまちがいや不完全さを認めることは、かえって自信をうかがわせます。"完ぺきな人間でなくてもいい"ということ、"とてもつらいときでも、人生はおもしろい"ということをあなたは知っているのですから。

　最大の努力をしても足りないことがある、これが人生の真実です。そうでなければ、人間とは言えません。努力が及ばなかったときには、笑ってみましょう。そうすれば周囲の緊張がやわらぎ、あなたとの距離も縮むでしょう。なぜなら、だれもが同じような経験をしているからです。自分の不完全さを認めることは、人生においてもっとも自由になれる瞬間の１つかもしれません。

　自分の置かれた状況を笑えるようになれば、心配したり困難なことで行き詰まったりすることが少なくなります。物事にはうまくいかないことがあるし、そもそもうまくいかないものなんだと受け入れられれば、もっと前向きに、そして気楽に世界が見られるように、焦点をシフトできるようになります。

やってみよう！

　つらいときは、自分がコメディの登場人物だと想像してみましょう。お気に入りのコメディ映画を思い出して、主人公の失敗やふりかかる不愉快なできごとを考えてみましょう。もちろん、これは架空の物語です。

●あなたの物語がどんな結末になるのかはわかりませんが、結末に行きつくまでの過程を少し楽しんでみましょう。物語を書くために、次の質問に答えましょう。

❶ 笑い以外の感情（怒り、疎外感など）で、状況が変わると思いますか？

....

❷ 過去に、まちがいについて深く考えたことによって、状況が改善したり変わったりしたことはありましたか？　それとも、ストレスやイライラが大きくなりましたか？

....

❸ とても苦しんだけれど、今は受け入れられるようになった過去の失敗を思い出してみましょう。苦しみを受け入れられるようになるまでの間、なにかが改善されましたか？　それとも、つらさが増しましたか？　もし自分を責め続けたり、許すまでの期間を故意に長引かせたりしたならば“もっと早く自分を許してもいいんだ”“自分にもっと共感してもいいんだ”と思う努力が必要なのかもしれません。

....

....

　以前に起きたことか、いつか起きるのではないかと心配していることをテーマにして、コメディドラマの台本を書いてみましょう。いくつかジョークを入れてユーモラスに書きましょう！
　愉快に書ければ、最高傑作でなくてもいいのです。ここで、タケルさんが書いたシナリオを紹介しましょう。

（タケルは、先生に当てられて、まちがった答えを言ってしまった）

クラスメイト：（笑いながら）いいぞ！　いいぞ！

タケル：　　　（自分も笑いながら）あれー、ぼんやりしてたよ。これからは、朝のコーヒーを忘れないようにしなくちゃね。

クラスメイト：そうだ、そうだ！　授業中に居眠りするなよ！　まちがえてくれると笑えるけどね！

タケル：　　　心配ご無用、いつでも笑わせてやるよ！　ぼくがいないと退屈だよな！

（みんなもタケルも一緒に笑う）

さあ、あなたの番です！

場面（過去か未来の失敗談）： ....

● その失敗談から、人間は完全ではないということを表現するために、どうおもしろくセリフを展開させればいいでしょう？

....

....

....

....

....

....

....

....

....

　脳がネガティブな考えに凝り固まってしまったら、あえてユーモアをちょっと取り入れて、突飛なことを考えたり、短いお話をつくりましょう。苦しいときでも、ありがたいことはあると自分に知らせるために、脳をストレッチしてみましょう。

　それでも思った通りに物事が進まなかったり、脳が失敗したことばかり考えてしまうときは、次のような「もっとひどかったかもしれない」というゲームをしましょう。

こんなふうにしてみましょう！

例：先週、理科のテストで赤点を取ってしまった。
　こう言ってみよう

> もっとひどかったかもしれないよ
> 全部の科目で赤点だったかも。今ならまだ成績を上げられるよ！

例：好きな子がほかの子を好きだということがわかった。
　こう言ってみよう

> もっとひどかったかもしれないよ
> ほかにも気になっている子が何人かいるし、自分を好きになってくれる人を探す時間はあるよ！

さあ、今度はあなたの番です。

● うまくいかなかったときのことを書いてください。

....

....

● 「もっとひどかったかもしれない」という例を考えてみてください。

....

....

●架空の物語づくりの練習に「ありがとう日記」を組み合わせるとよいでしょう。困難なことやつらいことのネガティブな面から気持ちを切り離すためには、人生のよいところに積極的に目を向けることがよい練習になります。毎日、"ありがたい"と思うことを少なくとも３つ日記に書きましょう。今あなたが"ありがたい"と思っていることをいくつかここに書いてみましょう。

ゴール **5**

見失わない

目標を見失わない

さあ、はじめよう！

　困難に遭遇したときでも、自分を見失わないために目標を決めてぶれないことです。進むべき道をはっきりさせて、どこへ向かっているのかをいつも確認しましょう。

① 目標は具体的に

　目標があいまいだとなかなか達成できません。「もっといい人になりたい」では、具体的にどんな人なのかわかりません。「もっと人の助けになれる人」という意味なら、人を助けるという目標に合った具体的な方法を考えられます。たとえば、ボランティアをしてみるのも目標達成への道かもしれません。

② 進歩を測る

　ボランティアをはじめることからスタートするとして、１回だけのボランティアで十分ですか？　目標に近づいているかは、どうすればわかるのでしょうか？　たとえば「週に３時間ボランティア活動をしよう」などと定量化すれば、目標に向かって進んでいるかどうかがわかります。

③ 現実的な方法を設定する

　現実的な方法を設定しましょう。学校、宿題、家の手伝い、遊び、アルバイトなどで忙しいのに、「毎週10時間ボランティアをしよう」と決めても、実行することはむずかしいでしょう。ヘトヘトに疲れ切ってしまうかもしれません。ほどよい方法でやりましょう。

④ 適切な取り組み方を選択する

　自分の価値観や人生の大きな目的に沿った取り組み方を選びましょう。たとえば、「もっと自信をもてるようになりたい」と思ってチャリティーイベントに参加したけど、友だちとおしゃべりばかりしていたらどうでしょう。それでは大きな目標には届きませんね。イベントで手伝うことは悪いことではありませんが、自信がもてるようになりたいのであれば、友だちと一緒ではなく１人でできるボランティアをした方がよいかもしれません。そこで新しい人との出会いがあり、人助けをする新たな経験もできることでしょう。

⑤ 目標達成のスケジュールをつくる

　目標達成のためのスケジュールをつくりましょう。少し先のことだと行動をする気にならないかもしれません。たとえば、ボランティア団体を探すのなら、１カ月の間に６つの団体を訪ねてみればよいでしょう。１日で決めるのは短すぎるし、３カ月もかけるのは長すぎます。１週間に２カ所ぐらいを訪ねてみれば、１カ月後にはボランティアをはじめることができるでしょう。

やってみよう！

自分にとって大切なこと（目標）を達成するために、計画を立ててみましょう。

●あなたの目標はなんですか？

....

●**目標は具体的に**：あいまいでなく、明確な目標になっていますか？　目標が具体的かどうか
確認してください。

....

●**進歩を測る**：目標にどれだけ近づいたかを測るためには、どんな方法で測ったり、進歩を記
録していけばよいでしょう？

....

●**現実的な方法を設定する**：目標達成に向かう方法を高く設定しすぎるとやる気がなくなり、
ゴールに到達できません。手に届く方法であるかを再度チェックしましょう。

....

●**適切な取り組み方を選択する**：一歩下がって全体を眺めましょう。あなたの取り組み方は、
あなたの目標に合ったものですか？　目標に向かっているかどうか、あなたが選んだ取り組み
を見直しましょう。

....

....

●**目標達成のスケジュールをつくる**：目標達成のためにスケジュールを立てましょう。はじめ
は小さいステップにわける必要がありますか？　それぞれのステップ達成のスケジュールはど
うですか？

....

....

もっと

目標を決めても、達成するまでには障害が出てきます。困難や後退にめげずに目標への道を歩むもっともよい方法の１つが、トレーニング８の「もし……」から「だいじょうぶ」の練習です。例を見てみましょう。

目標：来年までにレベルの高い野球チームに入りたい

　どんな障害があると思いますか？　ケガ、チーム内の人間関係、トレーニングやパフォーマンスの問題、大きな試合前の不安など、いろいろあるかもしれません。

　もしこうした問題が起きたら、どうしますか？　「だいじょうぶ」と安心できる方法を一つひとつ考えてみましょう。

ケガ：ケガの治療は、最優先です。自分の力と動きを完全に取り戻すため、あせりすぎて悪化させないように医師の指示に従って理学療法をおこないましょう。必要ならスケジュールを調整しましょう。

チーム内の人間関係：チーム内で不愉快なことや、面倒な人間関係があるようなら、信頼できる大人や親に相談しましょう。自分の考えを紙に書いてみましょう。状況がますますひどくなるようなら、距離を置いてどう反応したらよいか考える時間をもちましょう。必要なら別のチームに入りましょう。

トレーニングとパフォーマンスの問題：反射神経やバランス力や強度を高めるために、時間を十分にかけてトレーニングしたり、ほかのスポーツのトレーニングも同時におこなってみましょう。できれば、個別トレーニングを何度か受けてみましょう。

●今度は、あなたの目標を書いてください。

●目標に向かうときに、どんな障害や困難があるか、いくつか書いてみましょう。

障害 1

障害 2

●一つひとつの障害を乗り越えるのに、どんな方法があるでしょう？

障害 1

障害 2

信頼できる人に助けてもらおう

　障害を乗り越えるための方法が思いつかなければ、信頼できる人や大切な人に助言してもらってもいいのです。

「解決にならない回避」を理解する

さあ、はじめよう！

　問題が起きたときに、対処する代わりに立ち止まってしまうことがあります。その原因の1つが、不快なことを避けようとする人間の自然な性癖です。そのため、困難な感情、自信のなさ、傷つくことなどを回避したいというワナにはまってしまい、目標に向かい続けられなくなってしまいます。

　あなたにも、不快なことを避けるためにやってしまうことがありますか？（たとえば、テスト勉強をする代わりに、テレビを観たりゲームをしたり）　不快なことを避けさせようと、脳は①気をそらさせたり、②あきらめさせたり、③考え過ぎて不安になるようにしたり、④酒やタバコ、薬物など、人間にとって有害なものを使わせたりします（Harris, 2009）。

① 避けるように気をそらすのではなく、意図して気を散らすためならば気晴らしが役に立ちます。物事に圧倒されそうになったとき、適度の気晴らしは効果的です。
　でも、目標からはずれてしまうことになると逆効果です。たとえば、テレビやゲームは役立つ気晴らしであっても、ついやりすぎてしまうことがあります。また、やりたくないことを先延ばしするために、さほど必要ではない用事や今やらなくてもいい用事をすること（テスト前夜に部屋の掃除をするなど）があると思います。

② 「あきらめる」という行為は、たとえば、パーティに行くのが不安なあまり、本当はすごく行きたいのに行かないなど、不快だと思うことはやらないという選択です。

③ もっともわかりにくいのが、「考え過ぎる」ことの弊害です。これまでも練習してきたように、少しであれば熟考することはとてもよいことです。でも、何千通りもの考え方をするだけで、行動に移さなければそれは問題です。考え過ぎが高じて、何時間も座り込んだままひたすら考え続けることは、問題を避けることになります。結局、なにも行動を起こせなくなります。

④ 人間に有害なものには、酒やタバコ、あるいは違法である薬物だけでなく、特定のジャンクフードやセックスなど、気分を一時的に変えて不快な気分や感情から逃れられる性質があります。こうしたものの過剰摂取や依存は問題から目をそらしたり、困難な感情を麻痺させたりするだけで、目標からますます離れてしまいます。

やってみよう！

気をそらす

●これまで、なにかを避けるために気をそらしたことがありますか？　気をそらしてぼんやりしたり、考えないようにするために、どんなことをしましたか？

....

....

....

....

....

あきらめる

●いやな気分を避けるために、つらいことや不快なこと（できごと、アクティビティ、新しい体験、興味、機会、対人関係など）をあきらめたことはありますか？

....

....

....

....

....

考え過ぎる

●不快な感情のあまり、下のリストのようなことを考え過ぎたことはありませんか？　当てはまるものに✔をつけましょう。これらは、重要なことを受け止めたり行動したりするのを避けて、ただ考えることだけに夢中になってしまうことなのです。

- ☐ 将来や過去について考える
- ☐ なにかについて心配する
- ☐ 現実にはあり得ないシナリオを考える
- ☐ 逃避や復讐のシナリオを考える
- ☐ 自分や人を責める
- ☐ 自分や人について否定的に考える
- ☐ 「○○○すればよかったのに」と後悔する
- ☐ 世界中の不平等について考える
- ☐ 自分や人のことを分析する
- ☐ そのほか ....
- ☐ そのほか ....
- ☐ そのほか ....

有害なものに頼る

●つらい気持ちやできごとを避けるために、有害なものに頼ったことはありますか？　（たとえば、ジャンクフード、薬物、酒、タバコ）

....

....

....

●有害なものに頼ったことによって、あなたの人生は変わりましたか？　あなたの人生の目標へ進むのに役立ちましたか？　それとも、遅らせることになりましたか？

☐ 役立った　　　☐ 遅らせた

脳にコントロールされず、目標を持ち続ける練習をしよう

　脳は不快な気持ちにならないようにいろいろなことをしますが、なされるがままにコントロールされてはいけません！　練習をして、陥りやすい回避について知ると、自分のパターンに気づけるようになり、変えることができるようになります。重要だと思うものにしたがって人生を歩み、障害があっても目標からぶれないでいられます。

　目標を持ち続けるための方法をこのワークブックで学んできました。感情のコントロール、マインドフルネス、苦痛に耐える方法、内面の声との対話、セルフケア、周囲の支えなど多くの方法がありました。しかし、避けたい気持ちをおさえるための第一歩は、まずそれに気づくことです。

●困難な考えや体のつらい感覚、苦しい感情が起きているときでも、目標へと前進する力をつけるためには、どうすればよいでしょうか？　次の質問に答えてみましょう。困難な状況の真っ只中にあるときに、回避の誘惑に負けない強さを見つけるのに役立ちます。「成績を上げたい」「お金を貯めたい」というような目標を考えながら練習をしましょう。

❶ あなたにとって大切な価値観と目標はなんですか？　それらが大切なのは、なぜですか？

....

....

....

❷ あなたが前進するのをじゃましている内面的な理由がありますか？　どんな恐れや考え、内面の感覚でしょうか？

....

....

....

❸ どんな回避によって、あなたが目標に向かって進むことをじゃましているでしょう？

....

....

....

❹ 不快な感情が起きているときであっても、価値観を見失わず、目標に向かって前進するためにできることや、これまでにしてきたことはなんですか？

....

....

....

不快さを受け入れて、自分の人生を進む方法を見つけ出そう

❹の質問がとても大切です。不快な気持ちが起きているときであっても、できることはなにか。私たちの人生には、不快なことが必ず起きるものです。不快さを受け入れて変化を起こし、自分の望む人生を進む方法を見つけ出すことが解決のカギです。

批判的な「内面の声」を抑制する

さあ、はじめよう！

　成功するつもりで努力しているのに困難なことが起きると、「ほら、やっぱりね。できっこないと思ってたよ。できるって考えたわけ？　そんな才能も強さもないよ。もうあきらめよう」と内なる声が話し始めます。

　変化球を投げつけられたとしても、決してそのような批判的な「内面の声」に乗っ取られて、目標から遠ざかってはいけません。

　まず気づいてほしいのは、批判的な「内面の声」は脳の中のほんの小さな部分から出てくるものだということです。「インサイド・ヘッド*」という映画を見たことがありますか？（まだ見ていない人は、ぜひ今すぐ見てください！）

　私たちの脳は、あの映画のとおりです。それぞれちがう役割と性格があって、脳を操縦しています。頭の中のキャラクターを理解すれば、「内面の声」との会話をコントロールすることができます。

　批判的な「内面の声」があなたの脳の中を乗っ取ろうとしていることに気づくには、まず声の正体を見分けることです。自分に批判的な考えが起きたとき、不快でがっかりしがちですが、実は（ありがたいことに）「内面の声」はあなたを助けようとしているのです。

　それなのに、ときどきおかしな形で現れるのです。批判的な「内面の声」は、あなたが傷ついたり、危険を犯したり、バカげて見えたりしないようにするために、とても手厳しい反応をします。また、困惑したり、どうしていいかわからなくなったりすると、批判的な「内面の声」が現れて助けようとてくれようとします。

　問題なのは、限度やルールを決めておかないと、「内面の声」があなたの手に負えなくなってしまうことです。「内面の声」は、ただしたがっているだけでは現実の世界で受けるどんな傷よりも深い傷をあなたの内面につけてしまうのです。

　でも、安心してください。「内面の声」を制御できるようになれば、批判的な声と自分との関係を変えることができます。

　批判的な「内面の声」を抑制する方法を覚えて、**「内面の声」に本来の仕事をさせましょう。あなたの注意力をとぎすまし、あなたの体に危険が襲ってこないように見張りましょう。**痛めつけて、自信を喪失させることはありません。それは、「内面の声」の力の乱用です。内面のあの小さな批判的な声をおさえるには、どうしたらよいでしょうか？

---

*原題は、「Inside Out（インサイド・アウト）」。2015年アメリカのアニメ映画。人間の頭の中を舞台とした5つの感情の物語。

やってみよう！

●まずはじめに、頭の中の「内面の声」の外見を想像してみてください。私が考えたのは、太くて短い足と悪魔のような尻尾をもつ緑色の小鬼の姿です。あなたはどうですか？ 生きもの、人間、マンガのキャラクターなど、なんでもいいのです。下の枠の中に描いてみましょう（うまくなくていいのです。頭に浮かんだ姿を描けばいいのです！）。

今度は、声を想像してみましょう。

●あなたが想像した「内面の声」は、もしかしたらあなた自身の声かもしれません。私の小鬼は、かすれた甲高い声です。ヘンテコな声なので、批判的なことを言っていても、威力を感じられないことがあります。すると物事を正しく見ることができます。あなたの想像する「内面の声」はどんな声ですか?

....

....

●とくにつらいときや厄介なことに直面したとき、「内面の声」はどんな批判的なことを言いますか? 「ムダさ。どうせうまくいかないよ」「だれもお前のことなんか気にかけてくれないよ」といったことですか? 批判的な「内面の声」がよく使う言い方を知っておくことは、脳を乗っ取られないために絶対に必要です。あなたの「内面の声」がよく言っていることをいくつか書いてみましょう。

....

....

....

●さて、どうすれば批判的な「内面の声」を恐れずにいられるでしょうか。そもそも、「内面の声」というキャラクターは、頭の中にあなたがつくり上げたものです。ですから、このワークブックで学んだように、物語もそのキャラクターも変えられるのです！

　さっき描いた「内面の声」によく似たキャラクターを、今度は少しバカバカしい姿に描き換えてみましょう。この物語をコントロールできるのは、あなた自身だということをお忘れなく。

●描き換えたキャラクターは、どんな声ですか？

必要な声を判断するかんたんな方法

今度「内面の声」が聞こえたら、その声のキャラクターを想像してください。

さて、でもその声が必要な声なのかどうか、どう見極めればいいのでしょうか？　それはなかなかむずかしいかもしれません。必要な声かどうかを判断するには、頭の中で自分に向かって言っていることと、友だちを助けるために言うことを比較してみるとよいでしょう。

●友だちが苦しんだり、動転したり、傷ついたり、さびしい思いをしているとき、あなたはどんなことを言ってあげられますか？

....

....

....

●では、あなた自身が苦しんだり、動転したり、傷ついたり、さびしいときには、なにを言えばいいでしょう？

....

....

....

●動転したり苦しんだりしている友だちに向かって言うことを、今度は、自分に向かって言ってみましょう。

....

....

....

「自分に厳しくしないと成功できない」はまちがった考え

　友だちに言う言葉と自分に言う言葉がちがっていれば、その「内面の声」は抑制された必要な声ではないと判断する手がかりになります。

　私たちは、「やり遂げるためには自分に厳しくなければ失敗する」とまちがった考えを信じ込まされることがあります。結果を得るためには、自分を叱りつけなくてはならないという考えです。でも、考えてみてください。友だちに対してそんなことはしませんよね。友だちを傷つけたくないからです。友だち関係も壊れるし、信頼したり仲良くしてくれなくなるでしょう。自分に向かって話しているときも、それは同じなのです。

あなたのボスは、あなただけ！

　自分に言う言葉を1つ選んで、鏡の前で声を出して言ってみましょう。はじめは変な感じがするかもしれません。でも、鏡の中の自分に向かって励ますことを言ったり、自分にやさしくすることが、いつかとても自然に思えるようになります。

　腕を組む練習（トレーニング1）を思い出してください。はじめは変な感じがしても、変わるための重要なステップでしたね。

　つらいことで苦しんでいるときに、批判的な「内面の声」をおさえる練習をしましょう。あなたのボスは、あなただということ、脳という船を操縦しているのは自分だということを、「内面の声」にわからせるのです。「内面の声」のアドバイスが聞こえたら、ちらっと聞いて丁寧にお断りしましょう。守ろうとしてくれるのはありがたいけれど、完ぺきでなくてもつらくて面倒なことになっても、自分でちゃんとコントロールできているからだいじょうぶなんだと、「内面の声」にわからせましょう。乗り越える方法と力が、あなたにはあるのですから！

　うまくいかなくてつらいとき、失敗したとき、人に腹を立てられているときは、自分のよいところを思い出せないかもしれません。人に強く否定されたときも、人の意見が真実とは限らないこと、だれにでも強みと弱みがあること、そして完ぺきではなくても私たちには価値があることを思い出せないかもしれません。「内面の声」をおさえられるようになったら、自分の強さを忘れないようにしましょう。

　あなたをつくっている素晴らしい部分を把握しておきましょう。たとえ、人生で最大のピンチに見舞われたときでも、それは疑う余地のない部分なのです。

　自分の前向きなところを思いつく限りあげてみましょう。性格、資質、価値観、達成したこと、強み、身体能力、スキル、才能……前向きだと思うところは、なんでも次のページに書きましょう。

　友だちや家族、あなたにかかわる人たちは、あなたのことをどう思っているでしょうか？想像してリストに加えましょう。どう思われているかわからなければ、聞いてみましょう！なにも書けなくても、だいじょうぶ。脳が少し練習不足で、意識の壁を打ち砕くために少しばかり手助けが必要なだけです。ほかの章を読み直して、答えを見つけてもよいでしょう。

■ 自分の前向きなところ

■ 人はあなたのことをどう思っている？

脳はストレッチやエクササイズができる

　私たちは、自分の前向きなところをじっくり時間をかけて考えることはありません。だから、練習が必要なのです。133 ページのリストにつけ加えたり、読み直したり、考えたりすることを自分への日課にしてください。たとえば、朝昼晩の食事のとき、朝起きたとき、夜寝るとき、日中にそれぞれ 1 回など、時間を決めておいてもいいですね。とてもよい脳のストレッチやエクササイズになります！

　長い前向きリストができたら、写真を撮って携帯に保存しておいたり、コピーして持っていましょう。

トレーニング

最後にもう一度
チェックしよう

　本書の6〜7ページで、あなたのレジリエンスを測る質問をしました。ここまで、たくさんの方法や考え方を学んだので、質問の答えがずいぶん変わったはずです。もう一度、同じ質問リストに答えてみてください。

　一つひとつの質問について考えて、右欄の数字を選びましょう。自分に今、一番ぴったりくるものを選んでください（まったく当てはまらないと思ったら0、とても当てはまると思ったら4）。

質　問	感じ方				
試練を乗り越える力強さと能力がある	0	1	2	3	4
ストレスを感じても、早く立ち直れる	0	1	2	3	4
つらい局面になっても、冷静でいられる	0	1	2	3	4
いつもの方法がうまくいかなくても、別の方法を試そうと思う融通性がある	0	1	2	3	4
困難な状況を、いつかは去るものだとユーモアと楽観的な見方で人生の「大きな絵」を見ることができる	0	1	2	3	4
自分の内面が好きで、自分のことをよく思える	0	1	2	3	4
困難なときでも自分を悪く思うことはない	0	1	2	3	4
いつどこで助けや支援を求めたらいいかわかっている	0	1	2	3	4
支えが必要なときは、人に働きかけたり人とつながることができる	0	1	2	3	4

自分の問題は自分で解決しようとするが、自分にコントロールできないことは、それを受け入れて対処することができる	0	1	2	3	4
困難な状況を予測して計画を立て、ストレスのあるときでも集中して計画を実行できる	0	1	2	3	4
ネガティブな強い感情に対処するのがうまい	0	1	2	3	4
行き詰まっても目標を持ち続け、楽観的な見方ができる	0	1	2	3	4
これまでの経験によって、自分は強くなったと思うし、ストレスは自分をより強靭にしてくれると思う	0	1	2	3	4
最大の努力が報われなくても、自分を責めることはしない	0	1	2	3	4
プレッシャーのあるときでも、集中して考えることができる。忍耐強く、意志が強く、決意がかたい	0	1	2	3	4
合計点（右の欄の点数を足しましょう）					点

さあ、どうでしたか？
はじめのとき（6〜7ページ）より選んだ数字が右寄りになっていましたか？
合計点は上がりましたか？

　たくさんのトレーニングをしてきたので、きっと合計点が上がったと思います。自分の思考をコントロールできるようになり、自信も融通性も順応性もつき、人生の途中であらわれる問題を乗り越える力もついたと思います。

　もっと改善したい部分があれば、その部分のトレーニングに戻ってください。練習によって完ぺきになっていきます。

　自分や自分の人生、自分の行動の基礎となる意味や価値観について、次の6つにまとめてみました。

自分の行動の基礎となる6つの項目

① 自分と自分の「物語」を理解すること──そして、その物語を書き換える力があると知ること

② さまざまな状況や気分によって、自分のいろいろな「部分」が表れること、そしてそうした「部分」は、自由にギアチェンジできると理解すること

③ 気分によって聞こえてくる「内面の声」について理解し、それを外在化することによって、変化させたり、無益な「内面の声」には言い返したりできること

④ 不快になったときに陥りそうになる、典型的な回避の弊害を認識すること

⑤ 自分の価値観、動機、目標、人生の意味を知ること

⑥ 自分の価値観を大切にし、不快感を受け入れ、自分の物語を変えたり、「行き詰まった脳」に挑戦したりして、自分の望む人生を進むこと

レジリエンスの力

　どんなことでも切り抜けられるレジリエンスが、あなたには備わっています。人生を、自分の物語を、そして自分の生きる意味を変えることは常にできるのです。自分の物語を書き換えるとき、古い自分に別れを告げるのはつらいかもしれません。手放すことを悲しんだり、悲嘆したり、悼んだりする時間をもってもいいのです。でも、役に立たないものにはさようならをしましょう。人生の次の段階へ一歩進み、積極的に不快感を受け止めましょう。脳を解放し、人生の不快なことも受け入れましょう。不快さのあるところにこそ、強さと成長が花開くのです。あなたは、世界に貢献することができます。あなたの「内面の自分」を解き放つ、そんな物語を書こうではありませんか。

きっと、あなたにはできます！

シェリル・ブラッドシャー

謝辞

　まず最初に、このワークブックを読んでくださったみなさんに感謝します。この本で紹介したことを実際に試してみるのはむずかしいことです。一つひとつの練習をやりこなすための努力、忍耐、そしてレジリエンスを身につけてもらうことこそが、私の仕事や本を書く目的なのです！

　この本を出版してくれたニューハービンジャー社のおかげで、多くの人たちにこの本を届ける機会を得ました。私の人生の目的は、なんらかの方法で人びとの助けになる、その目標達成のために本書を発表できたことは大変幸運でした。ニューハービンジャー社のメンタルヘルスと健康に向けた幅広い出版物を通して、人びとを助けようという献身的な取り組みに感動を覚えます。著名な著者の１人に加えていただけたことを大変光栄に思います。

　編集者のエリザベス・ホリス・ハンセンさんは、私の考えを本という形にしてくれました。同じく編集者のケン・ナブさんとは何度もメールを交わしました。そのおかげで、この本ができあがりました。また新人の著者だった私を信じてくれて、『How to Like Yourself』（2016年刊）の出版に尽力してくれたエージェントのアーノルド・ゴスウィッチさん。彼は今も私と電話やメールを通じてブレインストーミングをしながら、本書や将来のプロジェクトにかかわってくれています。

　ライアン・ミラーさんなしでは、この本は書き上げられませんでした。大きな声でありがとう！　彼はいつも仕事を支えてくれて、私に足りない（というか、むしろなにもない！）コンピュータのスキルを教えてくれました。たくさんの質問に答えてくれて、私の仕事とその時々のプロジェクトについて相談に乗ってくれます。ありがとう、ライアン！

　両親のメリー・アンとマイケルは私の話に耳を傾け、非公式な編集者として、そして数々のプロジェクトのご意見番として、いつなんどきでも私を助けてくれました。最終的にどう読者に楽しんでもらえるか、多くのアイデアについて両親に相談しました。私は人生を通して計り知れないほど両親に助けられてきました。いつもそばにいて支えてくれてありがとう！

　最後に、夫のアンドリュー、そして２匹の愛犬、ダーウィンとキアラ、ありがとう！　物事がうまくいかなくて困惑したときも重苦しい気分になったときも、あなたたちはいつだってハグしてくれたし、寄り添って心の支えになってくれました。そして、物事がうまくいったときには一緒に祝ってくれました。この本が完成したことを、また一緒に祝ってください！

シェリル・ブラッドシャー

日本語版に寄せて

　ストレスがない人はいないと言ってよいほど、日々の生活はストレスの種であふれています。「レジリエンス」という言葉は、もともとバネの弾力・弾性を意味する物理学の用語でしたが、「ストレスを跳ねかえす力」「逆境にうまく対処する力」といった意味で使われるようになりました。この言葉が注目を集めたり、広く知られたりしているのは、ストレスを感じている人がとても多いからではないかと思います。

　たいていの場合、私たちにはストレスをうまく跳ね返す力が備わっています。でも、どうやってその力を使えばよいのかわからないことも少なくありません。そんなときに役立つのがこの本です。レジリエンスを高めるための方法を、この本では大きく５つに整理して紹介しています。

　① 変化に適応する

　② 逆境を乗り越える

　③ 自分の強さを見つける

　④ バランスの取れた見方をする

　⑤ 見失わない

　そして、一つひとつのワークをやってみると、レジリエンスを高めるための要素はすべて私たちの中にあることがわかると思います。

　私は、もともとは精神科医で、いまはメンタルヘルスに関するさまざまなことを研究している研究者です。自分なりにいろいろな勉強をしてきた中で、レジリエンスを高める有効な方法の共通点は、「自分に気づくこと」だと感じています。

　私たちはいろんなストレスから身を守るために、「鎧」を身につけています。その「鎧」は、「がんばることができないのはダメな人間だ」という考え方であったり、「ほかの人から認められないと幸せになれない」という考え方であったりします。「鎧」は本当の私たち自身ではないのですが、あまりにも長い間身につけていると、どこからが「鎧」でどこからが自分の体なのかわからなくなってしまいます。自分がどのような「鎧」を身につけているかを知って、必要でないときに脱げるようにしておけば、「鎧」の重みに押しつぶされてしまうことが少なくなります。

　この本には、自分の「鎧」に気づけるヒントがたくさん入っています。この本はただ読むだけでなく、実際にワークをやってみることがとても重要だと思います。自分が気

に入ったところ、やりやすそうなところだけでも構いません。中には自分に合わない
ワークもあるかもしれませんが、いくつかのワークはきっととても役に立つでしょう。
役に立つワークだけをくり返しやるような使い方でもかまいません。ぜひ自分に合った
ワークをこの本の中から見つけてください。

　また、この本に載っていることがレジリエンスを高める方法のすべてではありませ
ん。たとえば、ジョギングをしたり、筋トレをしたりすることで、レジリエンスを高め
るのが一番合っている人もいると思いますし、自分の目標になる人を思い浮かべること
でレジリエンスを高めやすい人もいると思います。この本をきっかけに、みなさんが自
分自身のことをもっと知って、ストレスをしなやかに乗り越えていっていただけたらと
てもうれしく思います。

　　　　　　西 大輔（東京大学大学院医学系研究科精神保健学分野准教授）

■出典

・Aloba, O., O. Olabisi, and T. Aloba. 2016. "The 10-Item Connor-Davidson Resilience Scale: Factorial Structure, Reliability, Validity, and Correlates Among Student Nurses in Southwestern Nigeria." Journal of the American Psychiatric Nurses Association 22: 43-51.

・Campbell-Sills, L., and M. B. Stein. 2007. "Psychometric Analysis and Refinement of the Connor-Davidson Resilience Scale (CD-RISC): Validation of a 10-Item Measure of Resilience." Journal of Traumatic Stress 20: 1019-1028.

・Cicchetti, D., and F. A. Rogosch. 2009. "Adaptive Coping Under Conditions of Extreme Stress: Multilevel Influences on the Determinants of Resilience in Maltreated Children." New Directions for Child and Adolescent Development 2009: 47-59.

・Connor, K. M., and J. R. Davidson. 2003. "Development of a New Resilience Scale: The Connor-Davidson Resilience Scale (CD-RISC)." Depression and Anxiety 18: 76-82.

・Dore, B. P., J. Weber, and K. N. Ochsner. 2017. "Neural Predictors of Decisions to Cognitively Control Emotion." Journal of Neuroscience 37: 2580-2588.

・Duckworth, A. L., C. Peterson, M. D. Matthews, and D. R. Kelly. 2007. "Grit: Perseverance and Passion for Long-Term Goals." Journal of Personality and Social Psychology 92: 1087-1101.

・Eisenberger, N. I., M. Lieberman, and K. D. Williams. 2003. "Does Rejection Hurt? An fMRI Study of Social Exclusion." Science (New York, NY) 302: 290-292. 10.1126 /science.1089134

・Greenberger, D., and C. Padesky. 2015. Mind Over Mood: Change How You Feel By Changing The Way You Think (2nd Ed). New York: The Guilford Press.

・Harris, R. 2009. ACT Made Simple: An Easy-To-Read Primer on Acceptance and Commitment Therapy. Oakland, California: New Harbinger Publications.

・Kalisch, R., M. B. Muller, and O. Tuscher. 2015. "A Conceptual Framework for the Neurobiological Study of Resilience." Behavioral Brain Science 38: e92. 10.1017 /S0140525X1400082X

・Margolis, H., and P. McCabe. 2006. "Improving Self-Efficacy and Motivation: What to Do, What to Say." Intervention in School and Clinic 41: 218-227.

・McGonigal, K. 2013. "How to Make Stress Your Friend." https://www.ted.com/talks /kelly_mcgonigal_how_to_make_stress_your_friend

・McKay, M. 2007. DBT Skills Workbook. Oakland, California: New Harbinger Publications.

・Padesky, C. 1997. "A More Effective Treatment Focus for Social Phobia?" International Cognitive Therapy Newsletter 11(1): 1-3.

・Peres, J., A. Moreira-Almeida, A. Nasello, and H. Koenig. 2007. "Spirituality and Resilience in Trauma Victims." Journal of Religion and Health 46: 343-350.

・Schwartz, R. C. 1997. Internal Family Systems Therapy. New York: The Guilford Press.

・Schiraldi, G. R. (2017). The Resilience Workbook: Essential Skills to Recover from Stress, Trauma, and Adversity. Oakland, CA: New Harbinger Publications, Inc.

・Shapiro, F. (2013). Getting Past Your Past: Take Control of Your Life with Self-Help Techniques from EMDR Therapy. Emmaus, Pennsylvania: Rodale Books.

・Siqueira, L., and A. Diaz. 2004. "Fostering Resilience in Adolescent Females." Mount Sinai Journal of Medicine 71: 148-154.

・Traub, F., and R. Boynton-Jarrett. 2017. "Modifiable Resilience Factors to Childhood Adversity for Clinical Pediatric Practice." Pediatrics 139: e20162569, 10.1542/peds .2016-2569.

・Windle, G., G. Bennett, and K. M. Noyes. 2011. "A Methodological Review of Resilience Measurement Scales." Health and Quality of Life Outcomes 9: 1-18.

・Wolin, S. J., and S. Wolin. 1993. The Resilient Self: How Survivors of Troubled Families Arise Above Adversity. New York: Villard.

・Yeager, D. S., and C. S. Dweck. 2012. "Mindsets that Promote Resilience: When Students Believe that Personal Characteristics Can Be Developed." Educational Psychologist 47: 302-314.

■監修者

西 大輔（Nishi Daisuke）

東京大学大学院医学系研究科精神保健学分野准教授。
国立精神・神経医療研究センター精神保健研究所公共精神健康医療研究部部長（2021年から併任）。
九州大学医学部卒業。九州大学付属病院、国立小倉病院、国立病院機構災害医療センター、国立精神・神経医療研究センター精神保健研究所を経て、2018年から現職。
主な研究テーマは、精神保健疫学、周産期メンタルヘルス、トラウマティックストレスとレジリエンスで、うつ病をはじめとする精神疾患の予防に向けた研究に取り組んでいる。

●主な著書

『うつ病にならない鉄則』（マガジンハウス、2012年）
『レジリエンス：人生の危機を乗り越えるための科学と10の処方箋』（岩崎学術出版社、2015年、監訳）

■訳者

上田勢子（Uyeda Seiko）

東京都生まれ。1979年よりアメリカ・カリフォルニア州在住。
慶応義塾大学文学部社会学科卒業、カリフォルニア州CCAC美術大学にて写真専攻後、カーメル写真センター理事を務める。1984年から現在まで出版企画、翻訳、写真展企画などを手がける。

●児童書・一般書の翻訳

『教えて！哲学者たち　子どもとつくる哲学の教室』（上）・（下）（大月書店、2016年）
『だいじょうぶ　自分でできる〜ワークブック（イラスト版子どもの認知行動療法）』（全10巻）
（明石書店、2009 〜 2020年）
『レッド　あかくてあおいクレヨンのはなし』（子どもの未来社、2017年）
『わたしらしく、LGBTQ』（全4冊）（大月書店、2017年）
『10代の心理をサポートするワークブック』（①〜③）（合同出版、2019年〜）
『コウノトリがはこんだんじゃないよ！』（子ども未来社、2020年）
他、多数翻訳。

■著者

シェリル・ブラッドシャー（Cheryl M. Bradshaw）

認定心理セラピストとして診療にあたるとともに、10代の自尊感情のための本『How to Like Yourself』（未邦訳）を執筆し、「2016 Forward INDIES」の2016 Young Adult Nonfictionカテゴリーのファイナリストに選出された。また、「Breakfast Television」「The Morning Show（Global）」、CBSラジオ、「Today's Parent」などにも出演。2017年には、ヨークビル大学より優れた卒業生に与えられる「Outstanding Alumni Award」を受賞。シェリダン大学、ゲルフ大学にてカウンセラーを務める。教師としての経験もあり、現在でも若者のメンタルヘルスや自尊感情について、学校やチャリティで講演やボランティア活動を続けている。また、10代の子どもをもつ親のサポートもおこなっている。

夫のアンドリュー、2匹の愛犬ダーウィンとキアラと、カナダ・オンタリオ州ハミルトンに住んでいる。

著者サイト：www.cherylmbradshaw.com

組　　版：Shima.
イラスト：WOODY
カバーデザイン：宇都木スズムシ（ムシカゴグラフィクス）

〈10代の心理をサポートするワークブック④〉

インスタントヘルプ！　10代のためのレジリエンストレーニング
つらい状況に立ち向かえるしなやかな心を育てるワーク

2021年7月5日　　第1刷発行

著　　　者　シェリル・ブラッドシャー
監 修 者　西 大輔
訳　　　者　上田勢子
発 行 者　坂上美樹
発 行 所　合同出版株式会社
　　　　　　東京都小金井市関野町 1-6-10
　　　　　　郵便番号　184-0001
　　　　　　電話　042（401）2930
　　　　　　振替　00180-9-65422
　　　　　　ホームページ　https://www.godo-shuppan.co.jp

印刷・製本　恵友印刷株式会社

■刊行図書リストを無料進呈いたします。
■落丁・乱丁の際はお取り換えいたします。